5/10

MAGU'R BABI

Speaking Welsh with Children

MAGU'R BABI

Speaking Welsh with Children

Lluniau gan Jac Jones | Illustrations by Jac Jones

Gwasg Prifysgol Cymru, Caerdydd University of Wales Press, Cardiff

1997

ISBN 0–7083–1305–1

Mae cofnod catalogio'r gyfrol hon ar gael gan y Llyfrgell Brydeinig.
A catalogue record for this book is available from the British Library.

Llun y clawr/Cover illustration: Jac Jones

Dylunydd/Designer: Chris Neal

Cysodwyd yn Ngwasg Prifysgol Cymru, Caerdydd.
Typeset at University of Wales Press, Cardiff.

Argraffwyd yng ngwledydd Prydain gan Cromwell Press, Broughton Gifford.
Printed in Britain by Cromwell Press, Broughton Gifford.

CYNNWYS   CONTENTS

vii **Cyflwyniad**   Introduction vii

1 Rhan 1   **Part 1 1**
babanod hyd at 9 mis   *babies up to 9 months*

45 Rhan 2   **Part 2 45**
plant bach hyd at 18 mis   *small children up to 18 months*

97 Rhan 3   **Part 3 97**
plant dros 18 mis   *children over 18 months*

145 Geirfa   **Glossary 145**

163 Mynegai yn ôl pwnc   **List of subjects 163**

168 Diolchiadau   **Acknowledgements 168**

Cyflwyniad

Mae'r llyfr hwn wedi ei fwriadu ar gyfer mamau a thadau a phawb sy'n gwarchod babanod a phlantos – ac sydd hefyd wrthi yn dysgu Cymraeg. Llyfr yw e ar gyfer y rhai fyddai'n hoffi gallu siarad Cymraeg â'r plantos yn eu gofal, gan ddefnyddio iaith gartrefol, addas ar gyfer profiadau plentyn bach. Yn aml, nid oes cyfle i allu mynychu cwrs neu ddosbarthiadau nos pan fo plant yn fach – felly dyma lyfr sy'n estyn cymorth.

Mae'r iaith yn y llyfr wedi ei seilio ar iaith mamau Cymraeg eu hiaith yn siarad â'u plant mewn sefyllfaoedd pob dydd – bwydo, dadwisgo, golchi a chwarae gyda'r babi. Mae pob pennod wedi ei seilio ar ryw dasg gyffredin neu ddigwyddiad o'r fath. Yna mae'r bennod wedi ei rhannu'n isadrannau. Er enghraifft, mae pennod ar Fwydo'r Babi yn cynnwys is-adrannau ar gysuro, newid teth, codi gwynt ac ati. O fewn yr isadrannau hyn, fe fydd y darllenydd yn gweld brawddegau a chymalau gyda'r fersiwn Saesneg gerllaw. Weithiau, fe fydd y Saesneg yn gyfieithiad llythrennol o'r Gymraeg, weithiau'n addasiad. Ar y cyfan, fe ddylid edrych ar y brawddegau a'r cymalau yn y llyfr hwn fel unedau cyflawn, a'r llyfr cyfan fel rhyw fath o lyfr-ymadroddion hylaw yn hytrach na gwerslyfr ieithyddol. Nid oes angen dechrau yn nechrau'r llyfr a gweithio trwyddo. Gallwch bori ynddo fel y mynnoch yn ôl eich diddordeb neu anghenion y funud.

Am fod sefyllfaoedd megis gwisgo neu fwydo yn dueddol o fod yn wahanol yn ôl oedran y plant, mae'r llyfr wedi ei rannu'n dair rhan, gyda brawddegau addas ar gyfer babanod hyd at naw mis, plant bach hyd at ddeunaw mis a phlant dros ddeunaw mis. Ond, wrth gwrs, gall rhiant ddefnyddio'r brawddegau symlaf o Ran Un gyda phlentyn hŷn.

Er mai geiriau a iaith mamau Cymraeg sydd yn sail i'r llyfr hwn, byddai wedi bod yn amhosibl mewn llyfr o'r fath

Introduction

This is a book for mothers and fathers – and others – who would like to learn to speak Welsh to the babies and small children in their care.

It is not easy to find time for Welsh classes when children are very small – and in any case they rarely pay much attention to such topics as bathing the baby! So here is a book to help you to talk to your small children about their first experiences of the world in a homely Welsh, based on real-life recordings of Welsh-speaking mothers in everyday situations – feeding, undressing, washing or playing with the baby.

Each chapter is based on a situation of this kind, which is then broken down into sub-sections. Feeding a baby, for instance, involves making the baby comfortable, changing the teat, bringing up wind, and so on. In each of these sub-sections you will find sentences and phrases with their English equivalents, which will sometimes be a literal translation and sometimes an adaptation.

This is a handy phrase-book, not a language-teaching course: you don't need to start at the beginning and work through it, but can dip into it according to your interest or the needs of the moment.

Situations such as feeding or dressing will often be different according to the age of the child, so we have divided the book into three parts with suitable phrases for use with babies up to nine months, children up to eighteen months and children over eighteen months. But, of course, this doesn't mean you can't sometimes use the simpler forms from Part One with an older child.

It would have been impossible to represent in a book of this kind all the dialect forms as they were originally recorded. Instead, the phrases and sentences are given in the standard form of Welsh known as *Cymraeg Byw* which is widely used in adlewyrchu'r holl ffurfiau tafodieithol a recordiwyd wrth baratoi'r gyfrol. Yn hytrach, mae'r deunydd yn cael ei gyflwyno yma mewn Cymraeg Byw, sef y fersiwn a ddefnyddir amlaf mewn dosbarthiadau Cymraeg. Weithiau fe roddir fersiynau cyffredin a glywir yn y de a'r gogledd – ond fe ddylai'r darllenydd ddeall nad yw'r ffurfiau hyn yn rhai cyfyng sydd i'w clywed mewn un ardal fach yn unig. Maen nhw'n ffurfiau digon eang eu defnydd i fod yn ddealladwy i bob siaradwr Cymraeg.

Mae'n rhaid i ni bwysleisio i rieni bwysigrwydd gwrando ar gymdogion a ffrindiau Cymraeg eu hiaith pan fyddan nhw'n siarad â phlant bach. Dylen nhw wneud hyn er mwyn addasu'r llyfr hwn yn ôl geirfa a mynegiant eu bro eu hunain, er mwyn ymglywed ag acen a rhythm a goslef – ac er mwyn ehangu ar gynnwys elfennol y llyfr hwn.

Rydym wedi cynnwys merch a bachgen dychmygol yn y llyfr, sef Mari ac Iori, er mwyn amrywiaeth a chydbwysedd. Ond efallai y dylem bwysleisio mai llais *mamau* a gofnodwyd yn sail i'r llyfr yma, ac felly glynwyd at ddefnyddio mam fel y prif gyfathrebydd. Ond mi fydd yn ddigon hawdd i dadau addasu'r testun, gan ddefnyddio "Dad" yn lle "Mam" a chofio am y treigladau.

Mae geirfa ar dudalennau 145–62 (gweler y nodiadau ar dudalen 145 cyn ei defnyddio), a mynegai pwnc ar dudalennau 163–7.

Gobeithio y bydd y llyfr hwn yn gyfrwng cyfleus i'ch helpu i dreulio oriau yn sgwrsio'n braf â'ch baban – ac yn gyfrwng i godi ambell wên!

Sara Thomas
Golygydd

language classes. Common north and south Wales variants are given where necessary, but not local variants that you might hear in one area only. But we can't stress too strongly the importance of listening to your Welsh-speaking neighbours and friends when they talk to young children. By so doing you will be able to adapt the phrase-book to local variations and extend your repertoire of phrases.

You'll find a girl called Mari and a boy called Iori in the book, but the phrases are all as spoken by *mothers* since it was the voices of mothers that were recorded. Fathers, however, can adapt the text for their own use without much difficulty, substituting Dad for Mam and adapting the mutations.

A full glossary is given on pages 145–62. Be sure to read the notes before you use it. There is also a subject index on pages 163–7.

We hope this little book will help you talk to your baby in Welsh for hours on end – and perhaps even bring a smile to your face from time to time.

Sara Thomas
Editor

MAGU'R BABI

Rhan I | Part I

0-9 mis | **0-9** months

1 CODI'R BABI AR ÔL DEFFRO	**LIFTING THE BABY AFTER WAKING**

● Mynd at y Babi | ● Going to the Baby

helo! pwy sy'n deffro? (G)	hello! who's waking up?
helo! pwy sy wedi dihuno? (D)	hello! who's woken up?
pwy sy'n effro? (G)	who's awake?
pwy sy ar ddihun? (D)	
pwy sy wedi bod yn cysgu'n braf?	who's been having a lovely sleep?
wyt ti wedi bod yn cysgu'n drwm?	have you been sleeping soundly?
gysgest ti'n drwm iawn i Mam?	did you sleep soundly for Mam?
– wedi cysgu fel mochyn bach!	– slept like a log! (lit. little pig)

● Wrthi'n Dweud Stori Fawr | ● Babbling Away

pwy sy wedi bod yn dweud stori fawr?	who's been babbling?
mae Mam wedi dy glywed ti'n dweud storïau ers amser	Mam's heard you babbling away for quite a while

● Ymestyn | ● Stretching

wel! dyna ni'n 'mestyn!	well, that's a big stretch!
dyna chi 'mestyn!	there's a big stretch for you!
o! pwy sy'n 'mestyn?	oh! who's stretching?

● Yn Dal Eisiau Cysgu | ● Still Sleepy

– a rhwbio llygaid hefyd!	– and rubbing eyes too!
wyt ti'n dal eisiau cysgu?	are you still sleepy?

o! pwy sy'n agor 'i geg?
o! pwy sy'n agor 'i cheg?

oh! who's yawning? (lit. opening his/her mouth)

rwyt ti'n tuchan!

you're grunting!

• Yn Flin

• Cross

o! beth sy'n bod?

oh! what's the matter?

does dim eisiau crio! (G)
does dim eisiau llefen (D)

there's no need to cry!

tyrd rwan (G)
dere nawr (D)

come on, now

dwyt ti ddim wedi deffro'n iawn, nac wyt?

you haven't woken up properly, have you?

– nac wyt!

– no, you haven't

on'd ydy bywyd yn galed, dywed? (G)
on'd yw bywyd yn galed, dwed? (D)

isn't life hard, eh!

• Codi'r Babi

• Lifting the Baby

tyrd yma at Mam, 'te (G)
dere 'ma at Mam, 'te (D)

come to Mam, then

i fyny â ni! (G)
lan â ni! (D)

up we come!

wps-y-dês!

oops-a-daisy!

wel! mi wyt ti'n gynnes! (G)
wel! rwyt ti yn dwym! (D)

well, you *are* warm!

– yr un fath â thostyn! (G)
– fel tost! (D)

– as warm as toast!

2 BWYDO   FEEDING

• **Ymateb**

• **Responding**

mi ddaw Mam rwan (G)
fe ddaw Mam nawr (D)

Mam'll be there now

mi ddaw Mam atat ti – daw, daw (G)
fe ddaw Mam atat ti – daw, daw (D)

Mam'll come to you – she will, yes, she will

mi gei di lefrith rwan – cei, cei (G)
fe gei di laeth nawr – cei, cei (D)

you'll get some milk now – you will, yes, you will

mi gei di fwyd, cariad (G)
fe gei di fwyd, yr aur (D)

you'll get some food, dear/treasure (lit. gold)

• **Eisiau Diod?**

• **Thirsty?**

wyt ti eisiau llefrith gan Mam? (G)
wyt ti eisiau llaeth 'da Mam? (D)

do you want some milk from Mam?

oes syched arnat ti?

are you thirsty?

wel, rwyt ti eisiau diod, on'd wyt ti!

well, you want a drink, don't you!

mae o eisiau diod, meddai fo (G)
mae e eisiau diod, meddai fe (D)

he wants a drink, he says

mae hi eisiau diod, meddai hi

she wants a drink, she says

– bron â marw eisiau diod

– nearly dying of thirst

• **Sugno Bawd**

• **Sucking Thumb**

wel, wel – mae hi'n ddrwg 'ma!

well, well – this is bad!

sugno dy fawd hefyd

sucking your thumb too

wel, mae'r bawd bach 'na yn dda!

well, that little thumb tastes good!

• Codi'r Babi

tyrd yma at Mam, 'te! (G)
dere 'ma at Mam, 'te! (D)

o! mae Mam yn hir yn dod!

hen fami ddrwg, ynte? (G)
hen fami ddrwg, yntefe? (D)

– a'r un bach bron â llwgu

– a'r un fach bron â llwgu

eisiau diod – yn ofnadwy

• Cyfforddus? / Cysurus?

wyt ti'n iawn fan 'na?

wyt ti'n gyfforddus/gysurus?

• Dwylo o'r Ffordd!

bawd allan, 'te! (G)
bawd ma's, 'te! (D)

y bawd bach 'na allan! (G)
y bawd bach 'na ma's! (D)

allan â'r bysedd 'ma! (G)
ma's â'r bysedd 'ma! (D)

dwylo i lawr – allan o'r ffordd (G)
dwylo i lawr – ma's o'r ffordd! (D)

• Lifting the Baby

come to Mam, then!

oh! Mam's slow coming!

naughty old Mummy, isn't she?

– and this little boy nearly starving

– and this little girl nearly starving

– wanting a drink – terribly

• Comfortable?

are you all right there?

are you comfortable?

• Hands out of the Way!

thumb out, then!

out with that little thumb!

out with these fingers!

hands down – out of the way!

7

• Rhoi Bwyd / Bwydo

bobl bach, roeddet ti eisiau diod! (G)
diar annwyl, roeddet ti eisiau diod! (D)

roeddet ti eisiau diod yn ofnadwy!

wel! mi wyt ti'n gweithio'n galed, wyt wir! (G)
wel! rwyt ti yn gweithio'n galed, wyt wir! (D)

• Problemau

aros am funud bach (G)
aros am funud fach (D)

mae rhywbeth yn bod/o'i le

mae rhywbeth yn bod/o'i le ar y deth 'ma

mae rhywbeth yn bod/o'i le arni hi

hen aer ynddi, efallai

• Newid y Deth

Mam yn nôl un arall

newid hi am un arall

dyna welliant/dyna well

• Gorffwys

wyt ti eisiau gorffwys am funud bach? (G)
wyt ti eisiau gorffwys am funud fach? (D)

mi gawn ni orffwys am funud bach, 'te (G)
fe gawn ni orffwys am funud fach, 'te (D)

• Feeding

goodness me, you wanted a drink!

you really wanted a drink

well, you are working hard, you really are!

• Problems

wait a moment

something's the matter

something's the matter with this teat

something's wrong with it

a bit of old air in it, perhaps

• Changing the Teat

Mam fetch another one

changing it for another one

that's better

• A Rest

do you want to stop for a moment?

we'll have a rest for a moment, then

gawn ni orffwys am funud bach? (G)
gawn ni orffwys am funud fach? (D)

shall we have a rest for a moment?

mi wyt ti eisiau gorffwys rwan, rwy'n meddwl (G)
rwyt ti eisiau gorffwys nawr, rwy'n credu (D)

you want a rest now, I think

wyt ti wedi blino?

are you tired?

wyt ti wedi blino sugno? (G)
wyt ti wedi blino swcian/sugno (D)

are you tired of sucking?

rwy'n meddwl dy fod ti (G)
rwy'n credu dy fod ti (D)

I think you are

mi fasai'n well i ni orffwys (G)
fe fyddai'n well i ni orffwys (D)

we'd better have a rest

• Gwynt

• Wind

oes gwynt yna?

is there some wind there?

rwy'n meddwl/credu bod 'na

I think there is

• Codi Gwynt

• Bringing Up Wind

i fyny â ni, 'te (G)
lan â ni, 'te (D)

up we come, then

ar ysgwydd Mam

on Mam's shoulder

Mam yn rhwbio dy gefn di

Mam rubbing your back

– i gael gwared ag o (G)
– i gael gwared ag e (D)

– to get rid of it

blae mae'r hen wynt 'na?

where's that silly old wind?

i fyny ag o! (G)
lan ag e! (D)

up it comes!

• Rhyddhad

wel, dyna welliant/well

wedi torri gwynt!

yr hen wynt 'na wedi codi

– o'r diwedd

oes mwy/rhagor o wynt?

• Taflu i Fyny / Cyfogi / Chwydu

wps, mae tamaid bach wedi dod yn ôl

hen ddarn bach sur a blas drwg arno fo (G)
hen ddarn bach sur a blas drwg arno fe (D)

ar siwmper Mam

yr hen gyfog 'na, ynte! (G)
yr hen gyfog 'na, yntefe (D)

does dim ots/o bwys

mi sychith Mam o i ti rwan (G)
fe sychiff Mam e i ti nawr (D)

• Mwy? / Rhagor?

wyt ti eisiau mwy/rhagor?

oes 'na le yna?

diferyn bach arall?

tamaid bach arall?

• Relief

well, that's better

burped!

that old wind has come up

– at last

is there any more wind?

• Being Sick

oops, a little bit has come back up

a sour little bit with a nasty taste

on Mam's jumper

nasty old sick, isn't it!

it doesn't matter

Mam'll wipe it up for your now

• More?

do you want some more?

is there any room in there?

another little drop

another little bit

• Yn Llawn?

wyt ti wedi cael digon?

wyt ti'n llawn?

ydy dy fol bach di'n llawn? (G)
ydy dy fola bach di'n llawn? (D)

ydy dy fol bach di bron â llenwi? (G)
ydy dy fola bach di bron â llanw (D)

ydy dy fol bach di'n llawn dop? (G)
ydy dy fola bach di'n llawn dop? (D)

• Gwrthod

wel, wneith hyn ddim o'r tro! (G)
wel, wnaiff hyn ddim o'r tro! (D)

na wneith, yn wir (G)
na wnaiff, yn wir (D)

dwyt ti ddim wedi cael hanner digon!

naddo wir!

dwyt ti ddim eisiau bwyd heddiw?

beth wnawn ni â ti?

• Perswadio

tyrd – diferyn bach arall o ddiod (G)
dere – diferyn bach arall o ddiod (D)

tyrd – tamaid bach arall o fwyd (G)
dere – tamaid bach arall o fwyd (D)

• Full?

have you had enough?

are you full?

is your little tummy full?

is your little tummy nearly full?

is your little tummy full up?

• Refusing

well, this won't do!

it really won't

you haven't had half enough!

you really haven't!

aren't you hungry today?

what'll we do with you?

• Persuading

come on – another little drop

come on – another little bit

dim ond diferyn bach arall i Mam	just another little drop for Mam
dim ond tamaid bach arall i Mam	just another little bit for Mam
un diferyn bach	one little drop
un tamaid bach	one little bit
cymer/cymera ddiferyn bach	have a little drop
wyt ti'n gwrthod i Mam?	are you refusing Mam?
pwy sy'n gwrthod i Mam?	who's refusing Mam?
pwy sy'n gwrthod llefrith gan Mam? (G) pwy sy'n gwrthod llaeth 'da Mam? (D)	who's refusing milk from Mam?
rwyt ti'n gwrthod gwneud i Mam!	you're refusing to do it for Mam!

• Tagu / • Choking

o! pwy sy'n tagu?	oh! who's choking?
ara deg, fy mabi/cariad gan bwyll, fy mabi/cariad	steady, love
beth ddigwyddodd, dywed/dwed?	what happened, eh?
rwyt ti'n 'i lowcio fo, ti'n gweld (G) rwyt ti'n 'i lowcio fe, ti'n gweld (D)	you're gulping it, you see
tyrd rwan! (G) dere nawr! (D)	come on now!
dyna fo (G) dyna fe (D)	that's it
dyna ni	there we are
wyt ti'n iawn?	are you all right?

• Canmol

dyna hogyn da (G)
dyna fachgen da (D)

dyna hogan dda (G)
dyna ferch dda (D)

dyna hogyn mawr (G)
dyna fachgen mawr (D)

dyna hogan fawr (G)
dyna ferch fawr (D)

wel dyna dda!

• Praising

there's a good boy

there's a good girl

there's a big boy

there's a big girl

well that's good!

3 TYNNU DILLAD

• Aros yn Llonydd

gorwedd yn/gorwedda'n llonydd i Mam

aros yn llonydd

• Pen a Breichiau

gad i Mam dynnu'r fest fach 'ma

dros 'i ben o (G)
dros 'i ben e (D)

dros 'i phen hi

allan â'r fraich fach 'na (G)
ma's â'r fraich fach 'na (D)

a'r llall

UNDRESSING

• Keeping Still

lie still for Mam

keep still

• Head and Arms

let Mam take off this little vest

over his head

over her head

out with that little arm

and the other

13

• Coesau a Thraed

y ddwy goes fach 'ma allan (G)
y ddwy goes fach 'ma ma's (D)

allan â nhw! (G)
ma's â nhw! (D)

traed bach pwy ydy'r rhain? (G)
traed bach pwy yw'r rhain? (D)

pwy bia'r droed fach 'ma?

• Cwyno

o! pwy sy'n crio, 'te? (G)
o! pwy sy'n llefen, 'te? (D)

dwyt ti ddim yn hoffi tynnu dillad!

dwyt ti ddim yn hoffi'r hen ffwdan 'ma!

• Legs and Feet

these two little legs out

out they come!

whose little feet are these?

who does this little foot belong to?

• Complaining

oh! who's crying, then?

you don't like being undressed!

you don't like this old fuss and bother!

4 Y CLWT / Y CEWYN

THE NAPPY

• Agor y Clwt / Cewyn

beth am dynnu'r clwt 'ma rwan? (G)
beth am dynnu'r cewyn 'ma nawr? (D)

coesau i lawr, 'te

bobol annwyl mae e'n wlyb!

– yn wlyb domen (G)
– yn wlyb diferu (D)

• Undoing the Nappy

how about taking off this nappy now?

legs down, then

my goodness it's wet!

– soaking wet!

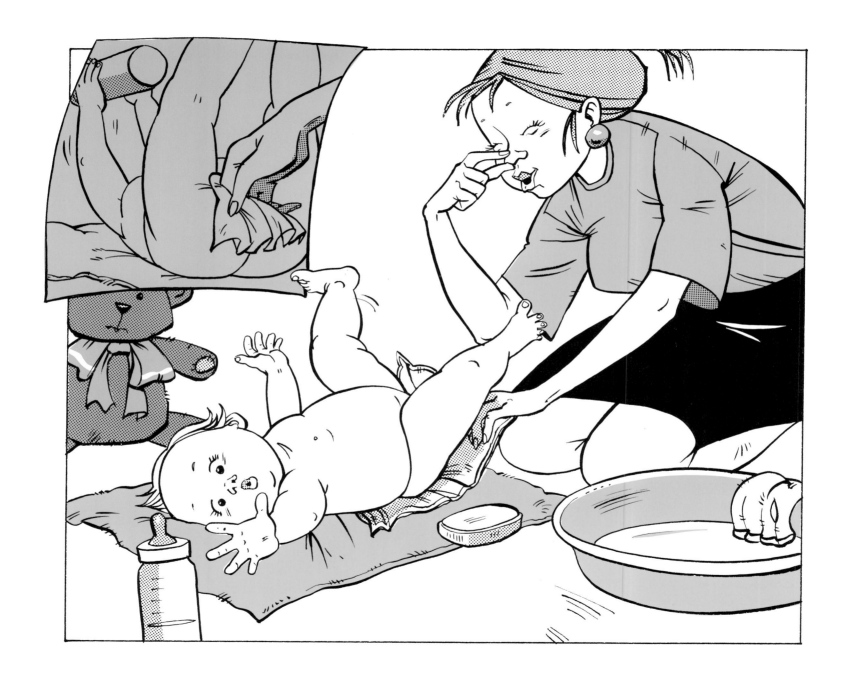

mae dy glwt/gewyn di'n sych!

– yn hollol sych!

• Clwt Budr / Brwnt

rwyt ti wedi gwneud yn dy glwt hefyd (G)
rwyt ti wedi llanw dy gewyn hefyd (D)

mae 'na ychydig bach o ych-a-fi/bwpw yma

mae 'na ych-a-fi/bwpw mawr yma

rwyt ti wedi baeddu dy glwt (G)
rwyt ti wedi trochi dy gewyn (D)

• Cysuro

does dim ots, wyddost ti (G)
does dim ots, ti'n gwybod (D)

– nac oes

dim o gwbl

• Tynnu'r Clwt i Ffwrdd

i ffwrdd ag o! (G)
bant ag e! (D)

wel! dyna welliant, ynte? (G)
wel, dyna well, yntefe (D)

mae Mam wedi tynnu'r hen beth budr 'na (G)
mae Mam wedi tynnu'r hen beth brwnt 'na (D)

wedi'i dynnu fo (G)
wedi'i dynnu fe (D)

your nappy's dry!

– completely dry!

• Dirty Nappy

you've done something in your nappy too

there's a bit of 'ughs' here

there's lots of 'poohs' here

you've dirtied your nappy

• Comforting

it doesn't matter, you know

no, it doesn't

doesn't matter at all

• Removing the Nappy

off it comes!

well, that's better, isn't it?

Mam has taken that dirty old thing off

taken it off

• Yn Well

pwy sy'n cicio, 'te?

yn cicio fel dwn-i-ddim-be'! (G)
yn cicio fel wn-i-ddim-beth (D)

pwy sy'n falch o gael gwared â'r clwt 'na?

yn falch iawn, meddai fo/fe (G)

yn falch iawn, meddai hi

bobol bach, am gicio! (G)
bobol bach, 'na gico! (D)

cicia di gymaint ag wyt ti eisiau

mae eisiau awyr iach ar y pen-ôl 'ma!

• Glanhau

Mam yn glanhau'r pen-ôl bach 'ma

glanhau ychydig bach ohono fo/fe (G)

• Coesau i Lawr

coesau i lawr, 'te

lawr â nhw

coesau'n llonydd, rwan (G)
coesau'n llonydd, nawr (D)

cadwa nhw'n llonydd

mae nhw yn y ffordd, wel' di/ti'n gweld
maen nhw yn y ffordd, wel' di/ti'n gweld

– ydyn, ydyn

• Better

who's kicking, then?

kicking like I don't know what!

who's pleased to get rid of that nappy?

very pleased, he says

very pleased, she says

goodness me, what a lot of kicking!

kick as much as you want

this bottom needs some fresh air!

• Cleaning

Mam cleaning this little bottom

cleaning it a bit

• Legs Down

legs down, then

down they come

legs still, now

keep them still

they're in the way, you see

they are, yes, they are

● Y Dŵr	**● The Water**
rhoi dŵr yn y bath i ti	putting water in the bath for you
Mam yn rhoi dŵr yn y bath bach i ti	Mam's putting water in the little bath for you
dŵr oer a dŵr poeth, ynte? (G) dŵr oer a dŵr twym, yntefe? (D)	cold water and hot water, isn't it?
mae 'na hen ddigon yn y fan 'na	there's quite enough there
gad i ni weld os ydy o'n rhy boeth (G) gad i ni weld os ydy e'n rhy dwym (D)	let's see if it's too hot
gad i ni weld os ydy o'n/e'n rhy oer	let's see if it's too cold
mae eisiau diferyn bach mwy o ddŵr cynnes/twym	it needs a drop more warm water
dyna ni – i'r dim!	there we are – just right!
● Casglu Pethau'n Barod	**● Collecting Things Ready**
Mam yn nôl dy fasged di	Mam fetch your basket
Mam yn nôl lliain/tywel i ti	Mam fetch a clean towel for you
Mam yn cael pethau'n barod cyn dechrau	Mam getting things ready before starting
● Golchi Wyneb	**● Washing Face**
golchi dy wyneb gynta, ynte (G) golchi dy wyneb gynta, yntefe(D)	wash your face first, shall we?
dŵr ar dy wyneb di	water on your face
golchi'r trwyn bach smwt 'na	wash that little snub nose

0-9
months

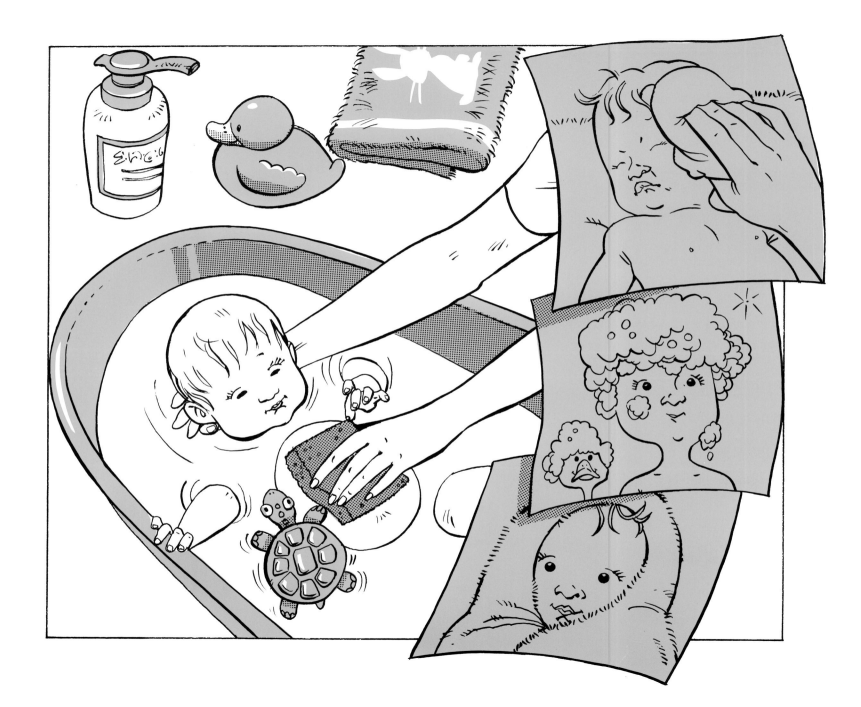

golchi'r cwsg 'na o dy lygaid di	wash that sleep out of your eyes
dwylo i lawr, 'nghariad i – o'r ffordd!	hands down, love – out of the way!
Mam yn cael y baw 'ma allan o dy drwyn di (G) Mam yn cael y baw 'ma ma's o dy drwyn di (D)	Mam getting this dirt out of your nose

• Protestio!

• Protesting!

o! pwy sy'n tynnu wyneb?	oh! who's making a face?
mae rhaid i Mam 'i olchi fo (G) mae rhaid i Mam 'i olchi fe (D)	Mam has to wash it
– rhaid, rhaid	yes, she has to
does dim eisiau cadw'r holl sŵn 'na	there's no need to make all that row
– nac oes, nac oes	no, there isn't

• Sychu Wyneb

• Drying Face

sychu dy wyneb rwan (G) sychu dy wyneb nawr (D)	we'll dry your face now
– efo'r lliain/tywel cynnes, glân 'ma (G) – gyda'r lliain/tywel cynnes, glân 'ma (D)	– with this clean warm towel
sychu wyneb yn sych, sych	dry your face very, very dry
'i sychu fo'n ofalus (G) 'i sychu fe'n ofalus (D)	dry it carefully

• Golchi Pen neu Wallt

• Washing Head or Hair

mae Mam yn dy ddal di'n ddiogel/saff	Mam's holding you safe
mae Mam yn dy ddal di dros y dŵr	Mam's holding you over the water
golchi dy ben di	washing your head

0-9

months

21

golchi dy wallt di

washing your hair

tyrd rwan (G)
dere nawr (D)

come on, now

mae popeth yn iawn

everything's all right

fyddwn ni ddim yn hir

we shan't be long

• Golchi'r Sebon Allan / Ma's

• Rinsing

dŵr drosto fo rwan (G)
dŵr drosto fe nawr (D)

water over it now

Mam yn sblasio dŵr dros dy ben di

Mam splashing water over your head

sblash – sblash!

splash – splash!

wedi gorffen! (G)
wedi bennu! (D)

all finished!

• Sychu Pen neu Wallt

• Drying Head or Hair

sychu'r pen bach moel 'ma

we'll dry this little bald head

sychu'r mop o wallt 'ma

we'll dry this mop of hair

rhwbio'r cyrls 'ma

we'll rub these curls

a sychu'r clustiau 'ma

and dry these ears

• Rhoi Sebon a Golchi

• Soaping and Washing

dŵr a sebon ar dy fol di (G)
dŵr a sebon ar dy fola di (D)

water and soap on your belly

golchi dy fotwm bol di (G)
golchi dy fogel di (D)

we'll wash your belly-button

golchi o dan dy gesail di

golchi'r crychau bach 'ma

• Golchi Dwylo

beth am y dwylo bach 'ma?

a'r hen fysedd bach, bach 'ma

pwy sy'n gafael yn dynn, dynn, ym mys Mam?

ti'n cau dy ddwrn yn dynn, dynn, on'd wyt ti?

agora fo i Mam (G)
agor e i Mam (D)

• Golchi Cefn

drosodd ag o (G)
drosodd ag e (D)

– i gael golchi 'i gefn o (G)
– i gael golchi 'i gefen e (D)

drosodd â hi

– i gael golchi 'i chefn hi

a'r pen-ôl

• I Mewn i'r Dŵr

i mewn i'r dŵr – dyna ni

golchi'r sebon i ffwrdd i gyd (G)
golchi'r sebon bant i gyd (D)

wps-y-dês!

we'll wash under your arm

we'll wash these little folds

• Washing Hands

what about these little handies?

and these tiny little fingers?

who's holding very very tightly onto Mam's finger

you're closing your fist very tightly, aren't you

open it for Mam

• Washing Back

over he goes

– so we can wash his back

over she goes

– so we can wash her back

and bottom

• Into the Water

into the water – there we are

rinsing all the soap off

oops-a-daisy!

i lawr i'r dŵr	down into the water
dŵr dros y bol/bola	water over the tummy
dŵr dros y coesau	water over the legs
dŵr dros y breichiau	water over the arms
dŵr dros y dwylo	water over the hands

• Cael Hwyl

• Having Fun

wel, wel! pwy sy'n cael hwyl?	well, well! who's having fun?
pwy sy'n cicio?	who's kicking?
pwy sy'n gwlychu Mam?	who's wetting Mam?
mi fydd Mam yn wlyb domen (G) fe fydd Mam yn wlyb diferu (D)	Mam will be sopping wet

• Nerfus

• Nervous

o! tyrd di rwan! (G) o! dere di nawr! (D)	oh! come on, now!
mae popeth yn iawn, 'nghariad i	everything's all right, love
dim ond i mewn ac allan (G) dim ond mewn a ma's (D)	only in and out
dyna'r cwbl! (G) dyna'r cyfan! (D)	that's all!
dwyt ti ddim yn hoffi'r dŵr	you don't like the water
– dim eto, meddai fo (G) – dim eto, meddai fe (D)	– not yet, he says
– dim eto, meddai hi	– not yet, she says

• Allan / Ma's

allan â ni! (G)
ma's â ni! (D)

wps! rwyt ti'n llithrig!

dyna ni!

lapio'r tywel cynnes/twym amdanat ti

• Sychu

sychu fo'n sych, sych (G)
sychu fe'n sych, sych (D)

sychu hi'n sych, sych

rhwng y bysedd 'ma

gwneud yn siŵr fod pob man yn sych

• Powdwr Talc

tipyn bach o bowdwr

yn y crychau bach 'ma

o! arogl/oglau hyfryd (G)
o! gwynt hyfryd (D)

o! mae 'na arogl/oglau neis ofnadwy 'ma (G)
o! mae 'na wynt neis ofnadwy 'ma (D)

o! rwyt ti'n arogli'n neis iawn rwan (G)
o! rwyt ti'n gwynto'n neis iawn nawr (D)

• Out

out we come!

oops! you're slippery!

there we are!

we'll wrap the warm towel round you

• Drying

dry him very, very dry

dry her very, very dry

between these little fingers

make sure that everywhere's dry

• Talcum Powder

a little bit of powder

in these little folds

oh! what a lovely smell!

oh! there's a lovely smell round here!

oh! you smell very nice now

6 GWISGO

DRESSING

• Dechrau Gwisgo	**• Starting to Dress**
gwisgo rwan yn gyflym iawn (G) gwisgo nawr yn gyflym iawn (D)	we'll dress you now very quickly
neu mi fyddi di'n oer (G) neu fe fyddi di'n oer (D)	or you'll get cold
neu mi fyddi di'n cael annwyd, ti'n gweld (G) neu fe fyddi di'n cael annwyd, ti'n gweld (D)	or you'll catch cold, you see
• Fest	**• Vest**
fest fach lân	clean little vest
dros 'i ben o â hi (G) dros 'i ben e â hi (D)	over his head it goes
dros 'i phen hi â hi	over her head it goes
yr hen fraich fach 'na drwyddo	that little old arm through
trwy dwll y llawes â hi	through the armhole it goes
y fraich fach arall, rwan (G) y fraich fach arall, nawr (D)	the other little arm, now
ble mae hi?	where is it?
i mewn â hi	in it goes
• Barod i'r Clwt / Cewyn	**• Ready for the Nappy**
gorwedd/gorwedda i lawr rwan/nawr	lie down, now
i ti gael clwt/cewyn	to have your nappy

• Eli Pen-ôl

mae eisiau rhoi eli ar y pen-ôl 'na

mae o braidd yn goch gen ti (G)
mae e braidd yn goch 'da ti (D)

coesau i fyny, 'te (G)
coesau lan, 'te (D)

mae'r hen eli 'ma'n oer, on'd ydy o? (G)
mae'r hen eli 'ma'n oer, on'd yw e? (D)

• Baby-ointment

that bottom needs some cream

it's rather red

legs up, then

this old cream is cold, isn't it?

• Y Clwt / Cewyn

clwt/cewyn glân sych i ti

hen glwt/gewyn mawr, mawr am y pen-ôl bach, bach 'ma

• The Nappy

a clean dry nappy for you

a great big nappy for this tiny little bottom

• Papur y Clwt

ble mae'r leinyr?

dyma fo (G)
dyma fe (D)

ar y clwt ag o (G)
ar y cewyn ag e (D)

• Nappy Liner

where's the liner?

here it is

onto the nappy it goes

• Pinnau

un pin cau i mewn fan 'na

ac un arall yr ochr yma

coesau i lawr!

neu mi fydd Mam yn dy bigo di, 'nghariad i (G)
neu fe fydd Mam yn dy bigo di, 'nghariad i (D)

dyna ni, clwt/cewyn glân sych

• Pins

one safety-pin in here

and another on this side

legs down!

or Mam will prick you, darling

there we are, a clean dry nappy

• Aflonydd

aros yn llonydd i Mam

dim ond am funud

dim ond am funud bach i Mam (G)
dim ond am funud fach i Mam (D)

neu ddaw Mam byth i ben

• Difyrru'r Babi

wyt ti eisiau chwarae efo'r rhain? (G)
wyt ti eisiau chwarae gyda'r rhain? (D)

o! mae'r rhain yn lliwgar!

dyna i ti liwiau tlws/del! (G)
dyna i ti liwiau pert! (D)

coch a melyn a glas

gafael yn dynn, dynn ynddyn nhw

• Gwisgo Dillad Eraill

gwisgo siwt fach felen heddiw

dy draed a dy goesau di i mewn fan 'ma (G)
dy draed a dy goesau di i mewn fan hyn (D)

un goes i mewn, dwy goes i mewn

breichiau rwan (G)
breichiau nawr (D)

– un fraich, dwy fraich i mewn

wel! hen drafferth ydy'r gwisgo 'ma, ynte? (G)
wel! hen drafferth yw'r gwisgo 'ma, yntefe? (D)

• Restless

stay still for Mam

only for a minute

just for a second for Mam (lit. little minute)

or Mam'll never finish

• Keeping the Baby Content

do you want to play with these?

oh! these are colourful!

those are pretty colours!

red and yellow and blue

hold them very, very tight

• Changing Clothes

we'll put on a little yellow suit today

your feet and legs in here

one leg in, two legs in

arms now

– one arm, two arms in

well! what a lot of old bother this dressing is, isn't it?

● **Botymau, Rhubanau, Sips**

– a chau'r botymau i gyd

un, dau, tri

tynnu'r sip i fyny (G)
tynnu'r sip lan (D)

clymu'r rhuban 'ma rwan (G)
clymu'r rhuban 'ma nawr (D)

● **Brwsio Gwallt**

mae'n well i ni frwsio'r gwallt 'ma

brwsio dy wallt di

edrych/edrycha ar lun Tedi ar y brwsh!

Mam yn brwsio dy wallt di

w! dyna wallt del! (G)
w! dyna wallt pert! (D)

● **Edmygu**

dyna ni – wedi gorffen gwisgo o'r diwedd (G)
dyna ni – wedi bennu gwisgo o'r diwedd (D)

hogyn bach glân gan Mam unwaith eto (G)
bachgen bach glân 'da Mam unwaith eto (D)

hogan fach lân gan Mam unwaith eto (G)
merch fach lân 'da Mam unwaith eto (D)

wel! mi wyt ti'n edrych yn ddel! (G)
wel! rwyt ti yn edrych yn bert! (D)

● **Buttons, Ribbons, Zips**

– and we'll do up all the buttons

one, two, three

we'll pull the zip up

we'll tie these ribbons now

● **Brushing Hair**

we'd better brush this hair

we'll brush your hair

look at Teddy's picture on the brush!

Mam brushing your hair

ooh! that's pretty hair!

● **Admiring**

there we are – finished dressing at last

Mam has a clean little boy again

Mam has a clean little girl again

well, you *do* look pretty!

• Dangos y Ratl	**• Showing the Rattle**

edrycha! (G)	look!
edrych! (D)	
beth ydy/yw hwn?	what's this?
beth ydy o, 'te? (G)	what is it then?
Beth yw e, 'te? (D)	
ratl ydy o (G)	it's a rattle
ratl yw e (D)	
ratl Iori ydy o (G)	it's Iori's rattle
ratl Iori yw e (D)	
wyt ti'n 'i ysgwyd o? (G)	are you shaking it?
wyt ti'n 'i ysgwyd e? (D)	
wyt ti?	are you?
Iori'n gafael ynddo fo (G)	Iori holding it
Iori'n gafael ynddo fe (D)	
gafael yn dynn, dynn	holding very, very tight
ysgwyd o! (G)	shake it!
ysgwyd e! (D)	

• I'r Geg â'r Ratl	**• Into the Mouth with the Rattle**

o! yn syth i'r geg 'na	oh! straight to that mouth
o! i mewn i'r geg 'na	oh! into that mouth
mae popeth yn mynd i mewn i'r geg 'na	everything goes into that mouth

0-9
months

beth wnawn ni?

what shall we do?

beth wnawn ni efo fo, dwedwch? (G)
beth wnawn ni gydag e, dwedwch? (D)

what shall we do with him, eh?

beth wnawn ni efo hi, dwedwch? (G)
beth wnawn ni gyda hi, dwedwch? (D)

what shall we do with her, eh?

tyrd rwan (G)
dere nawr (D)

come on now

• Gwrando ar Sŵn y Ratl

• Listening to the Sound of the Rattle

sh! beth ydy'r sŵn 'na? (G)
sh! beth yw'r sŵn 'na? (D)

shh! what's that sound?

beth sy 'na?

what's that?

beth ydy o, dywed? (G)
beth yw e, dwed? (D)

what is it, eh?

gest ti ofn?

did you get a fright?

– do?

did you?

wel! dyna ti sŵn diddorol!

well, that's an interesting sound!

• Lliwiau'r Ratl

• Colours of the Rattle

w! edrych/edrycha ar y lliwiau 'ma!

ooh! look at these colours!

coch, a glas, a melyn

red, and blue, and yellow

wel! dyna i ti ddel! (G)
wel! dyna i ti bert! (D)

well! that's pretty!

wel! mae o'n lliwgar! (G)
wel! mae e'n lliwgar! (D)

well! it is colourful!

● **Brifo / Cael Loes**

● **Getting Hurt**

o diar! rwyt ti'n hitio dy hun! (G)
o diar! rwyt ti'n bwrw dy hunan! (D)

oh dear! you're hitting yourself!

o! 'nghariad i!

oh! darling

wyt ti wedi brifo? (G)
gest ti loes? (D)

did you hurt yourself!

gest ti gnoc rwan? (G)
gest ti gnoc nawr? (D)

did you get a bump now?

wnest ti daro/fwrw dy drwyn bach?

did you knock your little nose?

mi wneith Mam chwythu arno fo (G)
fe wnaiff Mam chwythu arno fe (D)

Mam'll blow on it

– i'w wneud o'n well (G)
– i'w wneud e'n well (D)

– to make it better

| 8 | **SIARAD Â'R BABI** | **TALKING TO THE BABY** |

● **Stori?**

● **Something to Say?**

oes stori gen ti heddiw? (G)
oes stori 'da ti heddiw? (D)

have you anything to say today?

stori fawr i Mam?

lots to say to Mam?

wyt ti'n mynd i ddweud stori wrth Mam heddiw?

are you going to say something to Mam today?

tyrd rwan, cyw! (G)
dere nawr, bach (D)

come on now, pet!

does dim un stori fach gen ti i mi? (G)
does dim un stori fach 'da ti i fi? (D)

haven't you anything at all to say to me?

w! wyt ti'n dweud y drefn wrth/rhoi stŵr i Mam?

ooh! are you telling Mam off?

– yn rhoi tafod/row i Mam?

– giving Mam a row?

wel, dyna ti stori fawr oedd honna!

well, that was a lot of things to say!

wel, dyna chi lot o baldaruo heddiw!

well, that was a lot of babbling today!

• Siarad am Degan

• Talking about a Toy

pwy ydy hwn? (G)
pwy yw hwn? (D)

who's this?

tedi Mari ydy o (G)
tedi Mari yw e (D)

it's Mari's teddy

o! tedi bach neis ydy o! (G)
o! tedi bach neis yw e! (D)

oh! he's a nice little teddy!

rwyt ti'n hoffi Tedi, on'd wyt ti?

you like Teddy, don't you?

rwyt ti'n rhoi mwythau mawr i Tedi rwan (G)
rwyt ti'n rhoi maldod mawr i Tedi nawr (D)

you're giving lots of hugs and kisses to Teddy now

rho lawer o fwythau/faldod i Tedi

give lots of hugs and kisses to Teddy

o! mae Tedi bach yn feddal, feddal!

oh, little Teddy's very, very soft!

mae Tedi'n rhwbio boch fach Mari!

Teddy's rubbing Mari's little cheek!

wyt ti'n ffrindiau efo Tedi, on'd wyt ti? (G)
wyt ti'n ffrindiau gyda Tedi, on'd wyt ti? (D)

you're friends with Teddy, aren't you?

• Gwên

• Smile

oes gwên fach gen ti i Mam? (G)
oes gwên fach 'da ti i Mam? (D)

have you got a little smile for Mam?

gwên fach i Mam?

wyt ti'n gwenu ar Mam?

● **Dotio**

o! mae o'n werth y byd i Mam! (G)
o! mae e'n werth y byd i Mam! (D)

o! mae hi'n werth y byd i Mam!

yn werth y byd i gyd!

yn werth y byd bob tamaid

– werth bob ceiniog

cariad mawr Mam a Dad wyt ti!

a little smile for Mam?

are you smiling at Mam?

● **Doting**

oh! he's worth the world to Mam!

oh! she's worth the world to Mam!

worth the whole world!

worth the world and every bit of it!

worth every penny

you're Mam and Dad's big darling!

9 DIFYRRU'R BABI

● **Pry' Bach yn Dringo**

ydy'r pry' bach yn mynd i gerdded heddiw? (G)
ydy'r gleren fach yn mynd i gerdded heddiw? (D)

fe gawn ni weld!

pry' bach yn mynd – dic-a-do, dic-a-do! (G)
cleren fach yn mynd – dic-a-do, dic-a-do! (D)

i fyny ac i fyny ac i fyny (G)
lan a lan a lan (D)

pry' bach yn dod eto (G)
cleren fach yn dod eto (D)

AMUSING THE BABY

● **Little Fly Climbing**

is the little fly going to walk today?

wait and see!

a little fly going – ticky tick, ticky tick!

up and up and up

little fly coming again

hen bry' bach yn dod (G)
hen gleren fach yn dod (D)

little old fly coming

dic-a-dic-a-dic-a-dic – !

ticky ticky ticky tick – !

• Clapio / Curo Dwylo

• Clapping

wyt ti'n clapio/curo dwylo

are you clapping?

wyt ti'n gwneud "clap-hands"?

are you doing "clap-hands"?

"clap-hands Modryb Anns"

"clap hands, Auntie Anns"

o! rwyt ti'n cael hwyl!

oh! you're having fun!

– cael hwyl ardderchog (G)
– cael hwyl go iawn (D)

great fun

• Cosi Traed

• Tickling Feet

pwy bia'r rhain?

whose are these?

traed bach pwy ydy'r rhain? (G)
traed bach pwy yw'r rhain? (D)

whose little feet are these?

traed bach, bach

tiny little feet

troed fach pwy ydy hon? (G)
troed fach pwy yw hon? (D)

whose little foot is this?

dic-a-dic-a-dic-a-dic – !

ticky ticky ticky tick – !

oes gen ti oglais fan 'na? (G)
oes goglais 'da ti fan 'na? (D)

are you ticklish there?

• Traed yn Gynnes neu yn Oer

• Warm, or Cold, Feet

w! mae'n nhw'n gynnes fel popty! (G)
w! mae'n nhw'n gynnes/dwym fel tost! (D)

ooh! they're as warm as an oven!
ooh! they're as warm as toast!

w! mae'n nhw'n oer fel rhew! (G)
w! mae'n nhw'n oer fel iâ! (D)

ooh! they're as cold as ice!

• Cerdded Dros Mam

• Walking Over Mam

wyt ti'n mynd i gerdded dros Mam heddiw?

are you going to walk over Mam today?

lawr â ti i'r gwaelod

down you go to the bottom

traed bach yn cerdded!

little feet walking!

i fyny ac i fyny ac i fyny (G)
lan a lan a lan (D)

up and up and up

• Yn Drwm

• Heavy

wel, mi wyt ti'n drwm! (G)
wel! rwyt ti yn drwm! (D)

well! you *are* heavy!

rwyt ti'n rhy drwm i Mam

you're too heavy for Mam

rwyt ti'n sticio dy draed ym mol Mam (G)
rwyt ti'n sticio dy draed ym mola Mam (D)

you're sticking your feet in Mam's belly

• Ara Deg! / Gan Bwyll!

• Careful!

ara deg! (G)
gan bwyll! (D)

take care!

mi fyddi di'n syrthio (G)
mi fyddi di'n cwympo (D)

you'll fall

byddi, byddi!

you will, yes, you will

wps! bron â syrthio (G)
wps! bron â chwympo (D)

oops! nearly fell

SOMETHING THE MATTER

• Crio / Llefen

• Crying

dwyt ti ddim yn crio? (G)
dwyt ti ddim yn llefen? (D)

you aren't crying?

Be' 'di'r mater, 'ta? (G)
Beth sy'n bod, 'te? (D)

what's the matter, then?

mae rhywbeth yn bod, on'd oes 'na? (G)
mae rhywbeth o'i le, on'd oes e? (D)

something's the matter, isn't it?

mae rhaid fod rhywbeth yn bod! (G)
mae rhaid fod rhywbeth o'i le! (D)

something must be wrong!

• Gwynt

• Wind

oes 'na boen yn y bol bach 'na? (G)
oes 'na boen yn y bola bach 'na? (D)

is there a pain in that little tummy?

oes 'na golic 'na, 'nghariad i?

do you have colic, darling?

hen golic sy 'na, rwy'n meddwl/credu

there's nasty old colic in there, I think

efallai fod gwynt yna

perhaps there's some wind in there

mi wneith Mam dy godi di rhag ofn (G)
fe wnaiff Mam dy godi di rhag ofn (D)

Mam'll lift you in case

• Yn Flin ac Aflonydd

• Cross and Restless

wel! mae'n ddrwg 'ma heddiw

well! we're in a bad way here today!

ddim mewn hwyliau da o gwbl, meddai fo (G)
ddim mewn hwyliau da o gwbl meddai fe (D)

not in a good mood at all, he says

ddim mewn hwyliau da o gwbl, meddai hi

not in a good mood at all, she says

0-9

months

41

rwyt ti'n aflonydd iawn heddiw	you're very restless today
wneith hyn ddim o'r tro (G) wnaiff hyn ddim o'r tro (D)	this won't do
does dim siâp cysgu 'ma!	there's not a sign of sleep here!

11 AMSER CYSGU   TIME FOR SLEEP

• Siglo a Chanu i Gysgu   • Rocking and Singing to Sleep

Mam yn dy siglo di	Mam rocking you
Mam yn dy ganu di i gysgu	Mam singing you to sleep
mae'r llygaid bach 'na'n dechrau cau	those little eyes are beginning to close
rwyt ti bron â chysgu	you're nearly falling asleep
rwyt ti wedi mynd i Gwm Clyd	you've gone to the Land of Nod (lit. Cosy Valley)

MAGU'R BABI

Rhan 2 | Part 2

9 - 18
mis

9 - 18
months

1 MOLCHAD SYDYN

A QUICK WASH

• Arolwg

• Inspection

gad i mi/fi weld y dwylo 'na

let me see those hands

ydyn nhw'n lân?

are they clean?

ydy'r dwylo 'na'n lân?

are those hands clean?

ydy'r wyneb 'na'n lân?

is that face clean?

ydy'r geg 'na'n lân?

is that mouth clean?

• Sylwadau

• Comments

edrych/edrycha ar dy ddwylo di

look at your hands

maen nhw'n fudr (G)
maen nhw'n frwnt (D)

they're dirty

maen nhw'n ofnadwy o fudr (G)
maen nhw'n ofnadwy o frwnt (D)

they're terribly dirty

• Holi

• Questioning

ble ar y ddaear gest ti'r baw 'ma?

where on earth did you get that dirt?

beth wyt ti wedi bod yn 'i wneud?

what have you been doing?

pwy sy wedi bod yn rholio yn y baw?

who's been rolling in the mud?

pwy sy wedi bod yn cario glo?

who's been humping coal?

• Delio ag o / Delio ag e

• Dealing with it

tyrd i olchi dy ddwylo (G)
dere i olchi dy ddwylo (D)

come and wash your hands

tyrd i ti gael sychu'r trwyn 'na (G) dere i ti gael sychu'r trwyn 'na (D)	come and have that nose wiped
tyrd i ti gael clwt/cadach 'molchi ar dy wyneb di (G) dere i ti gael clwt ar dy wyneb di (D)	come and I'll run a flannel over your face
tyrd i ti gael dŵr ar dy wyneb di (G) dere i ti gael dŵr ar dy wyneb di (D)	come and have some water on your face
mi fydd 'na waith molchi arnat ti (G) fe fydd 'na waith molchi arnat ti (D)	it'll be a job washing you

• Llyfiad Cath

• A Lick and a Promise (lit. Cat-lick)

fyddwn ni ddim chwinciad (G) fyddwn ni fawr o dro (D)	we won't be two ticks (lit. a wink) we won't be long
mi wneith o'r tro am rwan (G) fe wnaiff e'r tro am nawr (D)	that'll do for now
beth am dy bengliniau di?	what about your knees?

2 SYCHU, GLANHAU A PHIGO TRWYN WIPING, CLEANING AND PICKING NOSE

• Sylwi

• Noticing

mae eisiau sychu'r trwyn 'na	that nose needs wiping
mae eisiau sychu dy drwyn di hefyd	your nose needs wiping too
o! mae rhaid i Mam sychu dy drwyn di	oh! Mam's got to wipe your nose
ych! hen lysnafedd dan dy drwyn di	ugh! nasty old snot under your nose
ych, lot o hen faw trwyn 'ma	ugh! a lot of runny nose here

49

tyrd yma i Mam gael glanhau dy drwyn di (G)
dere 'ma i Mam gael glanhau dy drwyn di (D)

come here so Mam can clean your nose

• Pigo Trwyn

• Picking Nose

paid â phigo dy drwyn, 'mach i (G)
paid â phigo dy drwyn, bach (D)

stop picking your nose, love

dwyt ti ddim i fod

you're not supposed to

mae gen ti hances (G)
maes hances/neisied/macyn 'da ti (D)

you've got a hankie

• Snwffian

• Sniffing

paid â snwffian, 'mach i

stop sniffing, dear

diar mi! dydy hynna ddim yn neis!

dear me! that isn't very nice!

mae Mam yn mynd i nôl hances bapur i ti

Mam's going to fetch you a paper-hankie

• Chwythu Trwyn

• Blowing Nose

pen yn llonydd!

head still!

saf yn/safa'n llonydd

stand still

chwytha!

blow!

chwytha i Mam – un, dau, tri –

blow for Mam – one, two, three –

• Annwyd

• A Cold

o! mae dy drwyn di'n rhedeg – fel afon!

oh! your nose is running – it's streaming

wel! rwyt ti'n llawn annwyd

well! you're very coldy

mae dy drwyn di'n dynn

your nose is stuffed up

rwyt ti wedi cael dos o annwyd

you've caught a bit of a cold

• Trwyn yn Brifo

mae dy drwyn bach di'n brifo (G)
mae dy drwyn bach di'n dost (D)

Mam yn 'i sychu fo'n ofalus i ti (G)
Mam yn 'i sychu fe'n ofalus i ti (D)

– efo hances iawn (G)
– gyda hances/neisied/macyn iawn (D)

mae hi'n feddal neis

mi rown ni eli arno fe (G)
fe rown ni eli arno fe (D)

– ychydig bach o eli

• Tisian

o! pwy sy'n tisian?

ac eto!

wel, bendith y nefoedd!

• Pesychu

mae gen ti hen beswch cas (G)
mae 'da ti hen beswch cas (D)

mae rhaid i ni gael rhywbeth at hwnna

dyna fo – pesycha di! (G)
dyna fe – pesycha di! (D)

rho dy law ar dy geg, 'nghariad i

• Sore Nose

your little nose is sore

Mam wiping it carefully for you

– with a proper hankie

it's lovely and soft

we'll put cream on it

– a little bit of cream

• Sneezing

oh! who's sneezing?

and again!

well, bless you!

• Coughing

you've got a nasty old cough

we must get you something for that

there you are – cough!

put your hand over your mouth, darling

3   DWEUD Y DREFN   SCOLDING

• Drwg   ### • Naughty

rwyt ti'n hogyn bach drwg! (G)   you're a bad little boy!
rwyt ti'n fachgen bach drwg! (D)

rwyt ti'n hogan fach ddrwg! (G)   you're a bad little girl!
rwyt ti'n ferch fach ddrwg! (D)

o! rwyt ti'n ddrwg rwan (G)   oh! you're being naughty now
o! rwyt ti'n ddrwg nawr (D)

– rwyt ti'n ddrwg iawn   – you're very naughty

• Paid!   ### • Stop!

paid â bod yn wirion (G)   don't be silly
paid â bod yn ffôl (D)

paid â bod mor styfnig   don't be stubborn

paid ti â gwneud hynny eto – gwylia di! (G)   don't you dare do that again!
paid ti â gwneud hynny eto – gofala di! (D)

paid – yn enw'r Tad/er mwyn popeth   don't – for goodness' sake

paid â bod mor wyllt, 'nghariad i   don't be so wild, love

• Llanast / Annibendod   ### • Mess

paid â gwneud llanast (G)   don't make a mess
paid â gwneud annibendod (D)

paid â gwneud cymaint o lanast (G)   stop making so much mess
paid â gwneud cymaint o annibendod/stomp (D)

paid â bod more flêr, wnei di? (G)   don't be so untidy, will you?
paid â bod mor anniben, wnei di? (D)

paid â baeddu dy ddillad (G)
paid â throchi/dwyno dy ddillad (D)

paid â cherdded o gwmpas yn y baw 'na

don't dirty your clothes

don't walk about in that mud

• Dwyt Ti Ddim i Fod i

• You're Not Supposed To

dwyt ti ddim i fod i wneud hynny

you're not supposed to do that

dwyt ti ddim i fod i dwtsiad hwnna (G)
dwyt ti ddim fod cyffwrdd â hwnna (D)

you're not supposed to touch that

dwyt ti ddim i fod i fynd i fan 'na

you're not supposed to go there

dwyt ti ddim i fod i siarad fel 'na

you're not supposed to talk like that

dwyt ti ddim yn cael agor hwnnw

you're not allowed to open that

dwyt ti ddim i fod i

you're not supposed to

• Does Dim Eisiau

• There's No Need

does dim eisiau gweiddi ar Mam

there's no need to shout at Mam

does dim eisiau codi dy lais ar Mam

there's no need to raise your voice to Mam

does dim eisiau byhafio fel 'na

there's no need to behave like that

does dim eisiau bod yn ddigywilydd

there's no need to be rude

does dim eisiau'r lol 'na o gwbl

there's no need at all for that nonsense

does dim eisiau i ti ddigio/wylltio (G)
does dim eisiau i ti bwdu (D)

there's no need to lose your temper
there's no need to sulk

• Rhoi Rhybudd

• Warning

mi fydd Mam yn gwylltio (G)
fe fydd Mam yn gwylltio/grac (D)

Mam'll be angry

– yn gwylltio'n ofnadwy hefyd!

– yn gwylltio o ddifri!

• Beth mae Mam yn ei Deimlo

dydy/dyw Mam ddim yn hoffi hynna

dydy/dyw Mam ddim yn mynd i ddweud wrthyt ti eto

mi fydd Mam yn gwylltio – (G)
fe fydd Mam yn gwylltio – (D)

– os gwnei di hynna/hynny eto

• Dyna Ddigon!

dyna ddigon!

dyna ddigon o'r hen lol 'na

llai o'r hen lol 'na

bydda'n ddistaw! (G)
bydd yn dawel! (D)

taw, wnei di!

mae chwarae'n troi'n chwerw!

• Ymddiheuro

beth wyt ti'n 'i ddweud?

wyt ti'n dweud "mae'n ddrwg gen i"? (G)
wyt ti'n dweud "mae'n ddrwg 'da fi"? (D)

wyt ti'n mynd i fod yn hogyn da i Mam? (G)
wyt ti'n mynd i fod yn fachgen da i Mam? (D)

– terribly angry, what's more!

– really angry!

• Mam's Feelings

Mam doesn't like that

Mam isn't going to tell you again

Mam'll get angry –

– if you do that again

• That's Enough!

that's enough!

that's enough of that silly nonsense

less of that silly nonsense

be quiet!

quiet, will you!

you'll be sorry in a minute! (lit. play turns bitter)

• Apologizing

what do you say?

do you say "sorry"?

are you doing to be a good boy for Mam?

wyt ti'n mynd i fod yn hogan dda i Mam? (G)
are you going to be a good girl for Mam?
wyt ti'n mynd i fod yn ferch dda i Mam? (D)

• Perygl

• Danger

paid â rhoi hwnna yn dy geg!

don't put that in your mouth!

hen beth ych-a-fi ydy o (G)
it's a nasty old thing
hen beth ych-a-fi yw e (D)

tynna fo allan (G)
take it out
tyn e ma's (D)

Mam yn mynd â hwn oddi wrthyt ti

Mam taking this away from you

• Ga' i Weld?

• May I See?

beth sy gen ti yn dy geg? (G)
what have you got in your mouth?
beth sy 'da ti yn dy geg? (D)

dangos/dangosa!

show!

ga' i weld?

can I see?

agor/agora dy geg yn syth

open your mouth at once!

– i Mam gael gweld

– so Mam can see

• Dweud y Drefn

• Telling Off

poera fo allan (G)
spit it out!
poera fe ma's (D)

daria di! (G)
blast you!
daro dy ben di! (D)

– yn rhoi popeth yn dy geg fel 'na

– putting everything in your mouth like that

dwyt ti ddim i fod i roi hen bethau budr yn dy geg di (G)
you're not supposed to put dirty old things in your mouth
dwyt ti ddim fod rhoi hen bethau brwnt yn dy geg di (D)

mi fyddi di'n sâl (G)
fe fyddi di'n dost (D)

you'll be ill

mi fyddi di'n siŵr o dagu (G)
fe fyddi di'n siŵr o dagu (D)

you'll be sure to choke

– byddi yn wir – coelia di fi/cred ti fi/cyn wired
â'r Pader

– you really will – believe you me (lit. as true as the Lord's Prayer)

4 RHWYSTRO

PREVENTING

• Holi

• Asking

beth sy gen ti rwan? (G)
beth sy 'da ti nawr? (D)

what have you got now?

wel, myn diain i! (G)
wel, yn wir! (D)

well, blow me!

ble gest ti hwnna?

where did you get that?

does dim byd yn saff, nac oes? (G)
does dim byd yn ddiogel, oes e? (D)

nothing's safe, is it?

wyt ti wedi agor y caead?

have you opened the lid?

– ga' i weld?

– can I see!

Brenin Dafydd!/Mawredd y byd!/Mawredd annwyl!

horrors!

roedd o'n dda i mi dy weld di (G)
roedd e'n dda i fi dy weld di (D)

it was a good thing I saw you

• Chei Di Ddim / Alli Di Ddim

na, na, chei di ddim o hwnna, 'mach i (G)
na, na, alli di ddim cael hwnna, pwt (D)

chei di mohono fo (G)
alli di ddim 'i gael e (D)

na chei – ddim o gwbl (G)
na alli – ddim o gwbl (D)

gad lonydd iddo fo (G)
gad lonydd iddo fe (D)

• Allan o Afael

Mam yn 'i roi o i fyny fan 'ma (G)
Mam yn 'i roi e lan fan hyn (D)

– allan o'r ffordd (G)
– ma's o'r ffordd (D)

allan o dy afael di (G)
ma's o dy afael di (D)

mi fydd rhaid cloi drws pob cwpwrdd (G)
fe fydd rhaid cloi drws pob cwpwrdd (D)

• Dwyt Ti Ddim i Fod i

dwyt ti ddim i fod i chwarae efo hwn (G)
dwyt ti ddim i fod i chwarae gyda hwn (D)

dwyt ti ddim i fod i dwtsiad hwnna (G)
dwyt ti ddim fod cyffwrdd â hwnna (D)

mi wneith o dorri, wyt ti'n gweld
fe wnaiff e dorri, wyt ti'n gweld (D)

• You Can't

no, no, you can't have that, dearie
no, no, you can' t have that, pet

you can't have it

no – certainly not

leave it alone

• Out of Reach

Mam putting it up here

– out of the way

out of your reach

we'll have to lock every cupboard door

• You're Not To

you're not to play with this

you're not to touch that

it'll break, you see

dydy/dyw Iori ddim yn cael hwn

nac ydy!/nac yw!

• Peryglon (1)

mi fyddi di'n dal dy fysedd yn hwnna (G)
fe fyddi di'n dal dy fysedd yn hwnna (D)

mi fyddi di'n brifo dy fys efo hwnna (G)
fe fyddi di'n gwneud dolur i dy fys gyda hwnna (D)

hen "ych" ydy o (G)
hen "ych" yw e (D)

mae o'n finiog iawn (G)
mae e'n finiog iawn (D)

mae hi'n boeth iawn

mae hi'n frau iawn

mi faset ti'n siwr o'i thorri hi, ti'n gweld (G)
fe fyddet ti'n siwr o'i thorri hi, ti'n gweld (D)

o! watsia dy hun! (G)
o! cymer ofal! (D)

• Peryglon (2)

watsia! (G)
bydd yn ofalus/cymer ofal! (D)

tyrd yn ôl o fan 'na, 'nghariad i (G)
dere'n ôl o fan 'na, 'nghariad i (D)

dwyt ti ddim i fod i fynd i fan 'na

dwyt ti ddim i fod i fynd yn rhy agos –

Iori can't have this

no, he can't!

• Dangers (1)

you'll catch your fingers in that

you'll hurt your finger with that

it's a nasty old thing

it's very sharp

it's very hot

it's very fragile

you'd be sure to break it, you see

oh! watch out!

• Dangers (2)

watch out!
take care!

come away from there, darling

you're not to go there

you're not to go too close –

– i'r tân

– i'r stof

– i'r drws

• Egluro

mae o'n boeth (G)
mae e'n dwym iawn (D)

mae o'n llosgi (G)
mae e'n llosgi (D)

hen "aw" ydy o (G)
hen "aw" yw e (D)

hen "aw" ydy hi (G)
hen "aw" yw hi (D)

paid â thwtsiad (G)
paid â chyffwrdd (D)

• Dewis Arall

edrycha beth sy gan Mam i ti (G)
edrych beth sy 'da Mam i ti (D)

w! rwyt ti'n hoffi hwn!

ga' i weld beth arall sy 'ma –

– i ti gael chwarae ag o/efo fo (G)
– i ti gael chwarae ag e (D)

Mari'n chwarae efo hwn – (G)
Mari'n chwarae gyda hwn – (D)

– yn lle hwnna

– to the fire

– to the stove

– to the door

• Explaining

it's hot

it burns

it's "ow ow"

it's "ow ow"

don't touch

• Alternatives

look what Mam has for you

ooh! you like this!

let me see what else there is here –

for you to play with

Mari playing with this –

– instead of that

9-18
months

61

• Dim Byd Arall i'w Fwyta!

dim byd arall rwan (G)
dim byd arall nawr (D)

dim mwy o felysion i ti (G)
dim rhagor o losin i ti (D)

mae hi bron â bod yn amser cinio

maen nhw'n rhy felys

mi fydd dy ddannedd di'n mynd yn ddrwg (G)
fe fydd dy ddannedd di'n mynd yn ddrwg (D)

mi fyddi di'n sâl (G)
fe fyddi di'n dost (D)

mi fydd gen ti boen yn dy fol (G)
fe fydd 'da ti boen yn dy fola (D)

fyddi di ddim yn gallu bwyta dy ginio

• Ildio (Ychydig)

dim ond un bach arall, 'te

Mam yn 'u cadw nhw wedyn

• Nothing Else to Eat!

no more now

no more sweets for you

it's nearly dinner time

they're too sweet

your teeth will rot

you'll be ill

you'll get a tummy-ache

you won't be able to eat your dinner

• Yield (A Little)

just one more, then

Mam'll put them away then

5 MYND AM DRO NEU FYND I SIOPA

GOING FOR A WALK OR GOING SHOPPING

• Awgrymu

awn ni am dro bach?

• Suggesting

let's go for a little walk?

beth am i ni fynd am dro bach?

rwy'n meddwl/credu yr awn ni am dro bach

• Tywydd Braf

mae'r haul allan rwan (G)
mae'r haul ma's nawr (D)

mae'r tywydd yn gwella

mae 'na awyr las

mae hi'n troi'n braf (G)
mae hi'n dod yn braf (D)

mae hi wedi stopio/peidio bwrw glaw

mi awn ni, 'te, tra bo hi'n sych (G)
fe awn ni, 'te, tra bo hi'n sych (D)

• Beth Welwn Ni?

mynd am dro i weld y byd!

ydy Iori eisiau mynd am dro i weld y byd?

ydy Mari eisiau mynd am dro? –

– i weld y coed a'r dail –

– a'r awyr, a'r cymylau –

– a'r adar bach, a'r gwynt yn chwythu –

– a'r ceir a'r lorïau yn mynd "brymm-brymm" –

– a'r bws mawr gwyrdd –

– i weld y defaid yn y cae, a'r ceffyl –

how about going for a little walk?

I think we'll go for a little walk

• Fine Weather

the sun's out now

the weather's getting better

there's some blue sky

it's turning out fine
it's getting fine

it's stopped raining

we'll go, shall we? – while it's dry

• What Shall We See?

going for a walk to see the world!

does Iori want to go for a walk to see the world?

does Mari want to go for a walk? –

– to see the trees and the leaves –

– and the sky, and the clouds –

– and the birdies, and the wind blowing –

– and the cars and lorries going "vroom-vroom" –

– and the big green bus –

– to see the sheep in the field, and the horse –

• Dyfalu

tybed beth arall welwn ni!

ys gwn i â phwy gwrddwn ni!

• Cael Hwyl

rwyt ti wrth dy fodd yn mynd am dro

– wrth dy fodd, on'd wyt ti?

• Bwrw Glaw

o! mae hi'n bwrw glaw

– mi fydd rhaid i ni fynd (G)
– fe fydd rhaid i ni fynd (D)

mi fydd rhaid i Mam fynd i siopa – (G)
fe fydd rhaid i Mam fynd i siopa – (D)

– glaw neu beidio

– trwy'r glaw i gyd!

• Tywallt / Arllwys y Glaw

o! mae hi'n tywallt y glaw! (G)
o! mae hi'n arllwys y glaw! (D)

mae hi'n bwrw glaw'n drwm

arhoswn ni am funud bach – (G)
arhoswn ni am funud fach – (D)

dim ond cawod ydy hi (G)
dim ond cawod yw hi (D)

• Guessing

I wonder what else we'll see!

I wonder who we'll meet!

• Having Fun

you really enjoy going for a walk

– in your element, aren't you?

• Raining

oh! it's raining

– we'll have to go

Mam will have to go shopping –

– rain or no rain

– out in all the rain

• Pouring

oh! it's pouring!

it's raining heavily

let's wait a moment –

it's only a shower

• **Gwlychu**

| | • **Getting Wet** |

mi fyddwn ni'n gwlychu (G)
fe fyddwn ni'n gwlychu (D)

we'll get wet

mi fyddwn ni'n siŵr o wlychu (G)
fe fyddwn ni'n siŵr o wlychu (D)

we'll be sure to get wet

mi fyddwn ni'n wlyb domen (G)
fe fyddwn ni'n wlyb diferu (D)

we'll be sopping wet

mi fyddwn ni'n wlyb drwyddo (G)
fe fyddwn ni'n wlyb drwyddo (D)

we'll be soaked through

mi fydd Mam yn wlyb at 'i chroen (G)
fe fydd Mam yn wlyb at 'i chroen (D)

Mam'll be soaked to the skin

6   MEWN I'R PRAM NEU'R GADAIR-WTHIO

INTO THE PRAM OR PUSHCHAIR

• **Strapio i Mewn**

• **Strapping In**

i mewn â ti i'r pram, 'te

into the pram you go, then

Mam yn dy strapio di i mewn yn saff

Mam strapping you in safely

aros yn llonydd am funud bach (G)
aros yn llonydd am funud fach (D)

stay still a moment

mae'r strapiau 'na o danat ti yn rhywle

those straps are under you somewhere

– ble maen nhw, dywed?

where are they, eh? (lit. say)

67

mae'r strapiau 'ma i gyd wedi clymu/ynghlwm

– yn glymau i gyd!

these straps are all tangled up

– in a complete tangle!

• Gofal

• Care

mi rown ni'r flanced 'ma drosot ti (G)
fe rown ni'r flanced 'ma drosot ti (D)

we'll put this blanket over you

gwell i ni godi'r hwd 'na heddiw

we'd better put this hood up today

– mae'r gwynt yn eitha oer

– the wind's quite cold

– mae 'na wynt

– it's windy

– mae hi'n bwrw glaw

– it's raining

– gan fod gen ti annwyd (G)
– gan fod annwyd 'da ti (D)

– as you have a cold

– gan dy fod ti'n pesychu

– as you're coughing

•Yn Barod i Fynd

• Ready to Go

dyna fo, rwyt ti'n barod rwan (G)
dyna fe, rwyt ti'n barod nawr (D)

that's it, you're ready now

Mam yn gwisgo 'i chot

Mam putting on her coat

– a nôl y bag siopa, a'r pwrs

– and fetching the shopping bag and the purse

– a chloi'r drysau

– and locking the doors

ffwrdd â ni wedyn, ynte? (G)
bant â ni wedyn, yntefe? (D)

off we go then, shall we? (lit. isn't it)

7   TELEDU

• Atgoffa

mi fydd hi'n amser gwylio'r teledu cyn bo hir (G)
fe fydd hi'n amser gwylio'r teledu cyn bo hir (D)

mi fydd dy raglen deledu di'n dod rwan (G)
fe fydd dy raglen deledu di'n dod nawr (D)

• Mewn Pryd

rwyt ti wedi deffro jyst mewn pryd?

rydyn ni wedi cyrraedd yn ôl jyst mewn pryd

mi fyddwn ni wedi gorffen erbyn hynny (G)
fe fyddwn ni wedi bennu erbyn hynny (D)

mi fyddwn ni'n siwr o fod yn ôl mewn digon o amser (G)
fe fyddwn ni'n siwr o fod yn ôl mewn digon o amser (D)

• Pa Raglen?

pa raglen sy heddiw?

pa ddiwrnod ydy hi? (G)
pa ddiwrnod yw hi? (D)

pwy sy'n dod heddiw?

ys gwn i pwy welwn ni?

ys gwn i pwy fydd yna heddiw?

ys gwn i pwy fydd efo nhw? (G)
ys gwn i pwy fydd gyda nhw? (D)

TELEVISION

• Reminding

it'll be time to watch telly soon

your telly programme will be coming now

• In Time

you've woken up just in time!

we've got back just in time

we'll have finished by then

we'll be sure to be back in plenty of time

• Which Programme?

what programme's on today?

what day is it?

who's coming today?

I wonder who we'll see?

I wonder who'll be there today?

I wonder who'll be with them?

9-18
months

ys gwn i beth fydd ganddyn nhw? (G)
ys gwn i beth fydd 'da nhw? (D)

pa stori gawn ni, tybed?

• Brysio

tyrd rwan (G)
dere nawr (D)

tyrd yma (G)
dere 'ma (D)

does dim llawer o amser

brysia!

fyddi di ddim wedi gorffen mewn pryd (G)
fyddi di ddim wedi bennu mewn pryd (D)

mae'n hen bryd i ni fynd

well i ni fynd

well i ni 'i symud/siapo hi

• Brysio Adre

does dim amser i loetran

mi fydd Mam yn mynd hebddot ti (G)
fe fydd Mam yn mynd hebddot ti (D)

paid â llusgo dy draed

mi gawn ni amser i weld hwnna'r tro nesa (G)
fe gawn ni amser i weld hwnna'r tro nesa (D)

adre ar unwaith â ni rwan, 'te (G)
adre ar unwaith â ni nawr, 'te (D)

I wonder what they'll have?

what story will we get, I wonder?

• Hurrying

come on now

come here

there isn't much time

hurry!

you won't have finished in time

it's high time we went

we'd better go

we'd better get a move on

• Hurrying Home

there's no time to dawdle

Mam'll go without you

don't drag your feet

we'll have time to see that next time

home we go now, straight away, then

mi fyddwn ni'n siŵr o golli'r bws (G)
fe fyddwn ni'n siŵr o golli'r bws (D)

mi fydd y rhaglen wedi gorffen cyn i ni gyrraedd (G)
fe fydd y rhaglen wedi bennu cyn i ni gyrraedd (D)

fyddwn ni byth adref mewn pryd

ar unwaith rwan, 'te (G)
ar unwaith nawr, 'te (D)

• Anghofio

o! rydyn ni wedi anghofio am dy raglen di

– wedi anghofio'n llwyr

Mam newydd gofio

wel, dyna biti! (G)
wel, dyna drueni! (D)

does dim ots

dydyn ni ddim wedi colli llawer

newydd ddechrau maen nhw

• Amser

faint o'r gloch ydy hi? (G)
faint o'r gloch yw hi (D)

well i ni droi'r set deledu 'ma 'mlaen

mi ddaw Mam i droi'r set deledu 'mlaen rwan (G)
fe ddaw Mam i droi'r set deledu 'mlaen nawr (D)

mi ddaw Mam rwan (G)
fe ddaw Mam nawr (D)

we'll be sure to miss the bus

the programme will be over before we get back

we'll never be home in time

come on now, straight away!

• Forgetting

oh! we've forgotten about your programme

– completely forgotten

Mam's just remembered

well, what a pity!

never mind

we haven't missed much

they've only just started

• Time

what time is it?

we'd better turn that telly on

Mam'll come and turn the telly on now

Mam'll come now

• Paid â Chyffwrdd

paid â thwtsiad! (G)
paid â chyffwrdd! (D)

paid â thwtsiad hi (G)
paid â chyffwrdd â hi (D)

wyt ti'n clywed?

dwyt ti ddim i fod i, nac wyt ti? (G)

Mam sy fod, ynte? (G)
Mam sy fod, yntefe? (D)

• Troi Ymlaen

mae hi'n amser troi'r set ymlaen

gwasgu'r botwm

ydy'r plwg i mewn?

ydy'r sianel iawn gennym ni? (G)
ydy'r sianel iawn 'da ni? (D)

– ydy

– nac ydy – mae'n rhaglen ni ar y sianel arall

mi ddaw'r llun rwan (G)
fe ddaw'r llun nawr (D)

edrycha! – dyma fo'n dod (G)
edrych! – dyma fe'n dod (D)

• Eistedd yn Rhy Agos

eistedda fan 'ma (G)
eistedd fan hyn (D)

• Don't Touch

don't touch!

don't touch it

do you hear?

you're not supposed to, are you?

Mam's supposed to, isn't she?

• Switching On

it's time to turn the set on

we'll press the button

is the plug in?

have we got the right channel?

– yes

– no – our programme is on the other channel

the picture will come on now

look! here it comes

• Sitting Too Close

sit here

rwyt ti'n rhy agos fan 'na, bach

– rhy agos o lawer!

symuda'n ôl – reit yn ôl (G)
symud yn ôl – reit yn ôl (D)

• Eistedd yn Gyfforddus / yn Gysurus?

i fyny ar lin Mam, 'te (G)
lan ar lin Mam, 'te (D)

wyt ti'n iawn fan 'na?

wyt ti'n gyfforddus/gysurus?

well i ti eistedd ar y gadair

mi fasai'n well i ti eistedd ar y llawr (G)
fe fyddai'n well i ti eistedd ar y llawr (D)

• Y Diwedd

maen nhw'n mynd rwan (G)
maen nhw'n mynd nawr (D)

"ta-ta!", dywed

wela i chi fory

wela i chi wythnos nesa

dyna ddiwedd y rhaglen, ynte (G)
dyna ddiwedd y rhaglen, yntefe (D)

Mam yn diffodd y teledu rwan (G)
Mam yn diffodd y teledu nawr (D)

mae'r llun yn mynd yn llai ac yn llai –

you're too close there, love

– far too close!

move back – right back

• Sitting Comfortably?

up on Mam's knee, then

are you all right there?

are you comfortable?

you'd better sit on the chair

you'd be better off sitting on the floor

• The End

they're going now

say "bye-bye"

I'll see you tomorrow

I'll see you next week

that's the end of the programme, isn't it

Mam putting the telly off now

the picture's getting smaller and smaller –

– ac mae o wedi diflannu (G)
– ac mae e wedi diflannu (D)

– and it's disappeared

• Atgoffa a Holi (1)

• Reminding and Questioning (1)

pa raglen welson ni ddoe? (G)
pa raglen welon ni ddoe? (D)

what programme did we see yesterday?

pwy welson ni ddoe? (G)
pwy welon ni ddoe? (D)

who did we see yesterday?

beth welson ni bore 'ma? (G)
beth welon ni bore 'ma? (D)

what did we see this morning?

pwy oedd efo nhw? (G)
pwy oedd gyda nhw? (D)

who was with them?

beth oedd y stori?

what was the story?

am bwy oedd y stori?

who was the story about?

hanes pwy?

a story about – who?

• Atgoffa a Holi (2)

• Reminding and Questioning (2)

beth oedd o'n 'i wneud? (G)
beth oedd e'n 'i wneud? (D)

what was he doing?

beth oedd hi'n 'i wneud?

what was she doing?

beth oedden nhw'n 'i wneud?

what were they doing?

beth oedd o'n 'i ganu? (G)
beth oedd e'n 'i ganu? (D)

what was he singing?

beth oedd hi'n 'i ganu?

what was she singing?

oedd o'n wirion, on'd oedd o? (G)
oedd e'n ddwl, on'd oedd e? (D)

he was silly, wasn't he? (or: it)

wyt ti'n cofio?

wyt ti wedi anghofio?

dwyt ti ddim yn cofio?

do you remember?

have you forgotten?

don't you remember?

8 GWISGO

• Dros y Pen

safa'n llonydd, 'mach i (G)
saf yn llonydd, pwt (D)

siwmper dros dy ben di'n gynta

agor y sip yn gynta

agor y botymau'n gynta

reit, pen trwy'r twll!

o! ble mae Iori – ble mae o? (G)
o! ble mae Iori – ble mae e? (D)

bw! dyma fo! (G)
bw! dyma fe! (D)

o! ble mae Mari – ble mae hi?

bw! dyma hi!

• Breichiau a Llewys

braich i mewn

DRESSING

• Over the Head

stand still, lovey
stand still, pet

jumper over your head first

we'll undo the zip first

we'll open the buttons first

right, head through the hole!

oh! where's Iori – where is he?

boo! – here he is!

oh! where's Mari – where is she?

boo! – here she is!

• Arms and Sleeves

arm in

rho dy fraich i mewn fan 'na

put your arm in there

i mewn â hi i dwll y llawes

into the armhole it goes

cau dy ddwrn

close your fist

plyga dy fraich fach

bend your little arm

gwthia dy fraich drwy'r llawes

push your arm through the sleeve

cadwa/cadw dy fraich yn syth

keep your arm straight

– trwy'r twnel

– through the tunnel

– i'r pen draw!

– to the other end!

blae mae'r llaw 'na?

where's that hand?

allan â hi! (G)
ma's â hi! (D)

out it comes!

dyma hi!

here it is!

• Rhwystrau

• Hitches

aros am funud

wait a minute

mae rhywbeth yn bod yma (G)
mae rhywbeth o'i le 'ma (D)

something's wrong here

mae dy law di wedi dal yn y leinin

your hand's caught in the lining

mae hi tu-chwith-allan

it's inside out

mae'r sip yn gwrthod agor (G)
mae'r sip yn pallu agor (D)

the zip won't undo

mae o'n rhy dynn (G)
mae e'n rhy dynn (D)

it's too tight

mae dy ben di wedi mynd yn sownd

your head's got stuck

• Botymau

cau'r botymau 'ma rwan (G)
cau'r botymau 'ma nawr (D)

blae mae'r twll?

cau un botwm – dau fotwm –

– a chau'r botwm ucha!

coda dy ên (G)
cwyd/cod dy ên (D)

o! mae un botwm ar goll/yn eisiau

• Sip

cau'r sip 'ma

– 'i roi o i mewn yn y gwaelod (G)
– 'i roi e i mewn yn y gwaelod (D)

ydy o i mewn yn iawn gan Mam? (G)
ydy e i mewn yn iawn 'da Mam? (D)

– i fyny ag o! (G)
– lan ag e! (D)

– reit i fyny i'r top (G)
– reit lan i'r top (D)

o! mae 'na drafferth efo'r hen sip 'ma! (G)
o! mae 'na drafferth gyda'r hen sip 'ma! (D)

daria, mae o wedi dal fan 'ma (G)
daro, mae e wedi cydio fan hyn (D)

safa'n llonydd am funud bach (G)
saf yn llonydd am funud fach (D)

• Buttons

we'll do up those buttons now

where's the hole?

do up one button – two buttons –

– and do the top button!

lift your chin up

oh! one button's missing

• Zip

we'll do up this zip

we'll put it in at the bottom

has Mam got it in properly?

up it comes!

– right to the top

oh! this old zip's a nuisance!

drat, it's got caught here

stand still for a moment

• Awgrymu

tyrd yma i wisgo dy drowsus (G)
dere 'ma i wisgo dy drowsus (D)

tyrd yma i wisgo dy ffrog (G)
dere 'ma i wisgo dy ffrog (D)

i fyny ar lin Mam (G)
lan ar lin Mam (D)

• Chwareus

tyrd yma, wir! (G)
dere 'ma, wir! (D)

tyrd yma at Mam, 'te (G)
dere 'ma at Mam, 'te (D)

pwy sy'n rhedeg i ffwrdd oddi wrth Mam? (G)
pwy sy'n dianc/diengyd oddi wrth Mam? (D)

Mam yn dod i dy nôl di

Mam wedi dy ddal di!

• Trafferthion

dyd'r sawdl ddim yn y lle iawn

mae'r rhain tu ôl ymlaen gennym ni (G)
mae'r rhain tu ôl ymlaen 'da ni (D)

ydyn, wir i ti

wel, dyna biti (G)
wel, dyna drueni (D)

mi fydd rhaid i ni'u tynnu nhw eto (G)
fe fydd rhaid i ni'u tynnu nhw eto (D)

• Suggesting

come here and put on your trousers

come here and put on your dress

up on Mam's knee

• Playful

come on, really!

come here to Mam, then

who's running away from Mam?

Mam's coming to get you

Mam's caught you!

• Difficulties

the heel isn't in the right place

we've got these back to front

yes, really

well, that's a pity

we'll have to take them off again

• Aflonydd

eistedd/eistedda'n llonydd

paid â symud

rwyt ti fel hen bry genwair bach, on'd wyt ti! (G)
rwyt ti fel hen fwydyn bach, on'd wyt ti! (D)

fel rhyw g'nonyn bach!

rwyt ti wedi cael dy weindio heddiw

eistedd/eistedda'n iawn

– dyna hogyn da (G)
– dyna fachgen da (D)

– dyna hogan dda (G)
– dyna ferch dda (D)

• Cyfarwyddo

troed i mewn fan'na

un goes i mewn

– a'r llall

gwthia dy droed drwyddo

sytha dy droed fach (G)
dy droed fach yn syth (D)

– yn iawn

– i Mam gael 'u tynnu nhw i fyny (G)
– i Mam gael 'u tynnu nhw lan (D)

• Restless

sit still

don't move

you're like a little worm, aren't you!

like a little grub!

you've been wound up today

sit properly

there's a good boy

there's a good girl

• Directing

foot in there

one leg in

– and the other

push your foot through

straighten your little foot

– properly

– so Mam can pull them up

9-18
months

81

ydy'r sawdl yn iawn gennym ni? (G)
ydy'r sawdl yn iawn 'da ni? (D)

• Esgidiau

tyrd rwan i wisgo dy 'sgidiau (G)
dere nawr i wisgo dy 'sgidiau (D)

i fyny ar lin Mam, 'te (G)
lan ar lin Mam, 'te (D)

wyt ti'n dod?

• Careiau / Lasys, Strapiau, Byclau

mae rhaid i ni ddatod y careiau yn gynta (G)
mae rhaid i ni ddatod y lasys yn gynta (D)

mi fydd rhaid 'u hagor nhw gyntaf, on' bydd? (G)
fe fydd rhaid 'u hagor nhw gyntaf, on' bydd? (D)

mae rhaid i ni agor y strapiau'n gynta

mae rhaid i ni agor y bwcl yn gynta

• Eu Gwisgo

troed dde'n gynta

i mewn â hi

estyn y droed arall, 'nghariad i

– yn berffaith syth

sawdl i lawr – yn yr esgid

ydy hi i mewn yn iawn?

have we got the heel in the right place?

• Shoes

come and put your shoes on now

up on Mam's lap, then

are you coming?

• Laces, Straps, Buckles

we have to untie the laces first

they'll have to be undone first, won't they?

we have to undo the straps first

we have to undo the buckle first

• Putting Them On

right foot first

in it goes

stretch your other foot out, love

– quite straight

heel down – in the shoe

is it in properly?

• Cau

Mam yn 'i chau hi

– cau'r strap

– cau'r bwcwl

Mam yn 'u clymu nhw

– clymu'r careiau (G)
– clymu'r lasys (D)

– cwlwm a bô (G)
– cwlwm a dolen (D)

• Sylwadau

rargol/nefi bliw, rwyt ti wedi crafu blaen y rhain!

rwyt ti wedi'u difetha nhw, on'd wyt ti

mae eisiau rhoi sglein ar y rhain

mae eisiau brwsio'r rhain

• Menyg

mae'n well i ni wisgo'r menyg 'ma

– i gadw'r dwylo bach 'na'n gynnes

tyrd â dy law (G)
dere â dy law (D)

rho dy law i Mam

pa law ydy hon, dywed? (G)
pa law yw hon, dwed? (D)

• Fastening

Mam fastening it

– fastening the strap

– fastening the buckle

Mam tying them

– tying the laces

– a knot and a bow

• Comments

goodness me! you've scuffed the toes of these!

you've ruined these, haven't you

these need polishing

these need brushing

• Gloves

we'd better put these gloves on

– to keep those little handies warm

put out your hand

give Mam your hand

which hand's this, eh?

llaw dde ydy hon (G)
llaw dde yw hon (D)

llaw chwith ydy hon (G)
llaw chwith yw hon (D)

bysedd i fan 'ma (G)
bysedd i fan hyn (D)

sytha dy fysedd
bysedd yn syth

bawd i'r twll 'ma

sytha dy fawd
bawd yn syth

llaw fach i mewn, 'te

agor/agora dy ddwrn

ble mae'r bawd 'na?

ble mae'r hen fawd 'na wedi mynd?

o! dyma fo – (G)
o! dyma fe – (D)

– yn cuddio fan 'ma! (G)
– yn cuddio fan hyn! (D)

hon rwan (G)
hon nawr (D)

• Cap

cap am dy ben di

– i gadw dy glustiau di'n gynnes

this is the right hand

this is the left hand

fingers in here

straighten your fingers

thumb into this hole

straighten your thumb

little hand in, then

open your fist

where's that thumb?

where's that silly old thumb gone?

oh! here it is –

– hiding here!

now this hand

• Cap

a cap for your head

– to keep your ears warm

mae'r gwynt yn oer

mae hi'n bwrw glaw

coda dy ben (G)
cwyd/cod dy ben (D)

dy ben i fyny! (G)
dy ben i lan! (D)

Mam yn cau hwn i ti rwan (G)
Mam yn cau hwn i ti nawr (D)

Mam yn clymu hwn i ti

– ddim yn rhy dynn

the wind's cold

it's raining

lift your head

head up!

Mam doing this up for you now

Mam tying this for you

– not too tight

• Sgarff

mi rown ni sgarff am dy wddw di (G)
fe rown ni sgarff am dy wddwg di (D)

Mam yn 'i glymu fo (G)
Mam yn 'i glymu fe (D)

– fel 'na

– i ti gael bod yn gynnes

• Scarff

we'll put a scarf round your neck

Mam tying it

– like that

– so you'll be warm

• Dim Angen

does dim eisiau menyg arnat ti heddiw

dydy/dyw hi ddim yn oer

• No Need

you don't need to wear gloves today

it isn't cold

STRANCIO   **TANTRUMS**

9-18
mis

• Gwrthod Ildio

o! sgrechia di faint fynni di

waeth i ti heb â chrio (G)
does dim pwrpas llefen (D)

– chei di 'mo hwnna – o gwbl!

dwyt ti ddim yn cael mynd i fyny fan 'na

mae rhaid i ti ddod rwan (G)
mae rhaid i ti ddod nawr (D)

mae rhaid i ti beidio chwarae fan 'na

paid!

• Rhesymu

mi fyddi di'n syrthio a brifo, ti'n gweld (G)
fe fyddi di'n cwympo a chael loes, ti'n gweld (D)

dydy Mam ddim eisiau i ti frifo, 'mach i (G)
dyw Mam ddim eisiau i ti gael loes, pwt (D)

dydyn ni ddim eisiau iddo fo dorri, nac ydyn? (G)
dŷn ni ddim eisiau iddo fe dorri, ydyn ni? (D)

rwyt ti'n rhy fach i fynd efo nhw (G)
rwyt ti'n rhy fach i fynd gyda nhw (D)

mae Dad ar frys –

– mi gei di fynd tro nesa (G)
– fe gei di fynd tro nesa (D)

• Not Giving In

oh! scream as much as you like!

it's no good crying

– you won't get that – no chance!

you can't go up there

you must come now

you must stop playing there

stop it!/don't!

• Reasoning

you'll fall and hurt yourself, you see

Mam doesn't want you to get hurt, dearie

we don't want it to break, do we?

you're too small to go with them

Dad's in a hurry –

– you can go next time

87

• Dal i Strancio

hei, hei! does dim eisiau'r strancio 'ma

mi ddywedodd Mam beth fasai'n digwydd, on' do! (G)
fe ddywedodd Mam beth fyddai'n digwydd on' do fe! (D)

• Deall a Chysuro

tyrd yma i eistedd ar lin Mam (G)
dere 'ma i eistedd ar lin Mam (D)

– mi fyddi di'n teimlo'n well rwan (G)
– fe fyddi di'n teimlo'n well nawr (D)

mae Mam yn deall yn iawn

wyt ti'n teimlo'n well rwan, 'te? (G)
wyt ti'n teimlo'n well nawr, 'te? (D)

wyt ti'n mynd i roi sws mawr i Mam? (G)
wyt ti'n mynd i roi cusan fawr i Mam? (D)

does dim eisiau i ti ddigio (G)
does dim eisiau i ti bwdu (D)

• Still Playing Up

hey, hey! that's enough of your tricks!

Mam said what would happen, didn't she!

• Understanding and Comforting

come here and sit on Mam's knee

– you'll feel better now

Mam understands very well

you feel better now, do you?

are you going to give Mam a big kiss?

there's no need for you to be cross
there's no need for you to sulk

10   SEFYLL A DYSGU CERDDED

STANDING AND LEARNING TO WALK

• Cropian

pwy sy'n crwydro/cropian i bob man?

ble rwyt ti'n mynd rwan? (G)
ble rwyt ti'n mynd nawr? (D)

• Crawling

who's crawling all over the place?

where are you going now?

Iori sy'n mynd i bob man ar 'i bedwar

Mari sy'n mynd i bob man ar 'i phedwar

rwyt ti'n symud yn sydyn iawn ar dy draed a dy
ddwylo! (G)
rwyt ti'n symud yn gyflym iawn ar dy draed a dy
ddwylo! (D)

• Gofal

watsia! – (G)
cymer ofal! (D)

rwyt ti o dan draed fan 'ma (G)
rwyt ti o dan draed fan hyn (D)

mi fydd Mam yn sathru arnat ti (G)
fe fydd Mam yn damshal arnat ti (D)

mi fydd Mam yn sathru ar dy ddwylo di (G)
fe fydd Mam yn damshal ar dy ddwylo di (D)

mi fydd Mam yn baglu drosot ti (G)
fe fydd Mam yn baglu drosot ti (D)

• Sefyll a Gollwng

wyt ti'n sefyll?

wyt ti'n sefyll ar dy draed?

wel, dyna glyfar – rwyt ti'n sefyll heb afael

llaw i Mam

wel, dyna ni hogyn mawr (G)
wel, dyna ni fachgen mawr (D)

Iori's going everywhere on all fours

Mari's going everywhere on all fours

you can move very fast on your feet and hands!

• Care

watch out!
take care!

you're getting under foot here

Mam'll tread on you

Mam'll tread on your hands

Mam'll trip over you

• Standing and Letting Go

are you standing?

are you standing up?

well, that's clever – you're standing without holding

give Mam your hand

well, what a big boy!

wel, dyna ni hogan fawr (G)	well, what a big girl!
wel, dyna ni ferch fawr (D)	
– yn cerdded efo Mam (G)	– walking with Mam
– yn cerdded gyda Mam (D)	
wyt ti wedi gollwng llaw Mam?	have you let go of Mam's hand?
wel, dyna ni dda, ynte? (G)	well, that's good, isn't it?
wel, dyna ni dda, yntefe (D)	
ara deg – neu mi fyddi di'n syrthio (G)	slowly – or you'll fall
gan bwyll – neu fe fyddi di'n cwympo (D)	go carefully – or you'll fall
wps – wedi syrthio ar dy ben-ôl! (G)	oops! – fallen on your bottom!
wps – wedi cwympo ar dy ben-ôl! (D)	

11 SYRTHIO A BRIFO / CWYMPO A CHAEL LOES

FALLING AND GETTING HURT

• Rhybuddion	• Warnings
ara deg! (G)	slowly does it!
gan bwyll! (D)	go carefully!/steady!
cymer/cymera d'amser!	take your time!
paid â rhedeg	don't run
paid â rhuthro	don't rush
mi fyddi di'n syrthio (G)	you'll fall
fe fyddi di'n cwympo (D)	

mi fyddi di'n siŵr o syrthio (G)
fe fyddi di'n siŵr o gwympo (D)

you'll be sure to fall

mi fyddi di'n siŵr o faglu (G)
fe fyddi di'n siŵr o faglu (D)

you'll be sure to trip

● Wedi Syrthio / Cwympo

● Fallen

o! rwyt ti wedi baglu!

oh! you've tripped!

o! rwyt ti wedi syrthio! (G)
o! rwyt ti wedi cwympo! (D)

oh! you've fallen!

– wedi mynd ar dy hyd

– fallen flat on your face

● Cysuro

● Comforting

Mam yn dod!

Mam coming!

tyrd! (G)
dere! (D)

there, there!

does dim ots/'sdim ots

it doesn't matter

mae o'n iawn (G)
mae e'n iawn (D)

it's all right

ga' i weld, 'nghariad i

let me see, darling

dydy o'n ddim byd (G)
dyw e'n ddim byd (D)

it's nothing at all

frifaist ti ddim llawer (G)
chest ti ddim llawer o loes (D)

you weren't badly hurt

● Crafiad

● A Graze

mi gest ti hen godwm fawr (G)
fe gest ti hen godwm fawr/gwymp mawr (D)

you had a nasty old fall

9-18
months

93

w! mi frifaist ti rwan! (G)
w! fe gest ti loes/ddolur nawr! (D)

ooh! you hurt yourself just then!

wyt ti wedi brifo? (G)
wyt ti wedi cael loes/dolur?

have you hurt yourself?

ydy o'n gwaedu? (G)
ydy e'n gwaedu? (D)

is it bleeding?

wedi crafu dy groen, wyt ti

you've grazed your skin, that's what you've done

hen grafiad/'sgathriad cas sy 'na

that's a nasty graze you've got

• Triniaeth

• Treatment

'i olchi fo'n lân (G)
'i olchi fe'n lân (D)

we'll wash it clean

mi rown ni blastar arno fo (G)
fe rown ni blastar arno fe (D)

we'll put a plaster on it

mi fydd o'n well cyn bo hir (G)
fe fydd e'n well cyn bo hir (D)

it'll be better soon

tipyn bach o fwythau gan Mam (G)
tipyn bach o faldod 'da Mam (D)

a little cuddle from Mam

– mi fyddi di'n well yn y munud (G)
– fe fyddi di'n well yn y funud (D)

– you'll be better in a jiffy

• Triniaeth Arall!

• Other Treatment

Mam yn chwythu

Mam blowing

Mam yn chwythu arno fo (G)
Mam yn chwythu arno fe (D)

Mam blowing on it

Mam yn rhoi sws i wneud o'n well i ti (G)
Mam yn rhoi cusan i wneud e'n well i ti (D)

Mam kissing it to make it better for you

– rhoi sws i wneud o'n well, ia (G)
– 'i gusanu fe'n well, ie (D)

– kissing it better, yes

dyna fo – mae'n well yn barod (G)
dyna fe – mae'n well yn barod (D)

there we are – it's better already

• Taro

• Bumping

rwyt ti wedi taro dy dalcen

you've bumped your forehead

w! Iori wedi taro 'i ben!

ooh! Iori's bumped his head!

w! Mari wedi taro 'i phen!

ooh! Mari's bumped her head!

– ar y gadair (G)
– ar y stôl (D)

– on the chair

hen gadair/stôl ddrwg ydy hi

it's a naughty old chair/stool

• Rhywbeth Oer

• Something Cold

dŵr arno fo (G)
dŵr arno fe (D)

water on it

rhywbeth oer arno fo (G)
rhywbeth oer arno fe (D)

something cold on it

cadach oer arno fe (G)
clwtyn oer arno fe (D)

a cold cloth on it

• Esbonio

• Explaining Why

'dw i ddim yn synnu

I'm not surprised

'dw i ddim yn synnu dy fod ti'n syrthio (G)
'dw i ddim yn synnu dy fod ti'n cwympo (D)

no wonder you fall over

'dw i ddim yn synnu o gwbl

I'm not surprised at all

– yn dringo fel 'na

– climbing like that

– yn rhedeg yn wyllt fel 'na

– yn rhuthro fel 'na

rwyt ti more wyllt, 'mach i (G)
rwyt ti mor wyllt, pwt (D)

– running wild like that

– rushing about like that

you're so wild, love

MAGU'R BABI

Rhan 3	Part 3
dros	over
18	**18**
mis	months

1 GWISGO

DRESSING

● Esgidiau

● Shoes

tria di 'u gwisgo nhw ar dy ben dy hun/ceisiau di 'u gwisgo nhw ar dy ben dy hunan

try putting them on by yourself

dyna'r esgid dde –

that's the right shoe – (i.e. right hand)

– rho hi ar y droed dde

– put it on the right foot

wyt ti'n gwybod p'un ydy p'un? (G)
wyt ti'n gwybod p'un yw p'un? (D)

do you know which is which?

na, nid honna, 'nghariad i

no, not that one, love

dydy honna ddim ar y droed iawn

that's not on the right foot (i.e. proper)

yr esgid chwith ar y droed chwith

the left shoe on the left foot

mae dy 'sgidiau o chwith

your shoes are the wrong way round

rwyt ti wedi 'u rhoi nhw ar y traed anghywir

you've put them on the wrong feet

cherddi di ddim ymhell fel 'na

you won't walk far like that

rwyt ti'n edrych yn ddigri! (G)
rwyt ti'n edrych yn ddoniol! (D)

you look funny!

● Amau

● Doubting

wyt ti eisiau help?

do you want help?

dwyt ti ddim yn dod ymlaen yn dda iawn

you're not managing very well

dal ati!

keep at it!

gwna'n siŵr dy fod ti'n 'u rhoi nhw ar y traed iawn

make sure you put them on the right feet

wyt ti eisiau i Mam dy helpu di?

alli di ddod i ben?

● Clymu

mi glyma i nhw i ti wedyn (G)
fe glyma i nhw i ti wedyn (D)

alli di'u clymu nhw?

– gwneud cwlwm?

– gwneud bô (G)
– gwneud dolen? (D)

alli di ddim clymu'r careiau ar dy ben dy hun (G)
alli di ddim clymu'r lasys ar dy ben dy hun (D)

● Eisiau Help

aros funud

mi fydd Mam yna mewn munud (G)
fe fydd Mam yna mewn munud (D)

mi fydda i yna rwan (G)
fe fydda i yna nawr (D)

mi ddo i a dy helpu di rwan (G)
mi ddo i a dy helpu di nawr (D)

mi wneith Mam o drosot ti rwan (G)
fe wnaiff Mam o drosot ti nawr (D)

● Rhwystredigaeth

o! rwyt ti'n cwyno!

o! rwyt ti'n colli dy dymer!

do you want Mam to help you?

can you manage?

● Tying

I'll tie them for you afterwards

can you tie them?

– make a knot?

– make a bow?

you can't tie the laces by yourself

● Help Needed

wait a minute

Mam will be there in a minute

I'll be there now

I'll come and help you now

Mam'll do it for you now

● Frustration

oh! you're moaning!

oh! you're losing your temper!

pwy sy'n tynnu wyneb/gwneud gwep?	who's making a face?
mae peth crio yma hefyd (G) mae peth llefen yma hefyd (D)	you are crying a little too

• Cysuro

• Comforting

does dim gwahaniaeth, cariad	it doesn't matter, love
dyna sut rwyt ti'n dysgu, ynte? (G) dyna fel rwyt ti'n dysgu, yntefe?	that's how you learn, isn't it?
mi fyddi di'n ddigon hen cyn hir – (G) fe fyddi di'n ddigon hen cyn hir – (D)	you'll soon be old enough –
– i wneud y pethau 'ma	– to do these things

over

18

months

2 AMSER BWYD

MEALTIME

• Gwisgo Brat / Ffedog

• Putting on Bib or Apron

mae rhaid i ti wisgo brat	you must wear a bib
mae rhaid i ti	you must
dos i nôl dy frat, 'te (G) cer i mofyn dy frat, 'te (D)	go and get your bib, then
tyrd a gad i Mam ei glymu o i ti (G) dere a gad i Mam ei glymu e i ti (D)	come and let Mam tie it for you

• Eistedd Wrth y Bwrdd

• Sitting at the Table

eistedda'n iawn ar y gadair/stôl	sit properly on the chair/stool

mi symudith Mam y gadair/stôl (G)
fe symudiff Mam y stôl/gadair (D)

– yn nes at y bwrdd

rwyt ti'n rhy bell fan 'na

wyt ti'n gyfforddus/gysurus fel 'na?

• Torchi Llewys / Rholio Llewys

mae'n well i ni dorchi'r llewys 'ma i fyny hefyd (G)
mae'n well i ni rolio'r llewys 'ma lan hefyd (D)

mi dorchith Mam nhw i fyny (G)
mi roliff Mam nhw lan (D)

– torchi un lawes – dwy lawes
– rholio un lawes – dwy lawes

dyna ni

• Rhybudd

mae o braidd yn boeth (G)
mae e braidd yn dwym (D)

gofala na fyddi di'n llosgi dy dafod bach (G)
gofala/gwylia na fyddi di'n llosgi dy dafod bach (D)

bwyta o gwmpas yr ochrau'n gyntaf

ara deg! (G)

gan bwyll! (D)

• Cyfarwyddo (1)

bwyta fo efo llwy (G)
bwyta fe gyda llwy (D)

Mam'll move the chair/stool

– closer to the table

you're too far away there

are you comfortable like that?

• Rolling Sleeves Up

we'd better roll these sleeves up too

Mam'll roll them up

– roll one sleeve – two sleeves

there we are

• Warning

it's rather hot!

watch you don't burn your little tongue

eat round the edges first

slowly does it!

carefully!

• Directing (1)

eat it with a spoon

– mi fasai'n haws efo llwy (G)
– fe fyddai'n haws gyda llwy (D)

– it would be easier with a spoon

tria/ceisia fwyta'n iawn efo fforc (G)
tria/ceisia fwyta'n iawn gyda fforc (D)

try and eat properly with a fork

dim gormod ar unwaith, rwan (G)
dim gormod ar y tro, nawr (D)

not too much at a time, now

rho fo'n syth yn dy geg (G)
rho fe'n syth yn dy geg (D)

put it straight in your mouth

i mewn ag o! (G)
i mewn ag e! (D)

in it goes!

● **Cyfarwyddo (2)**

● **Directing (2)**

cymera ddiod fach rwan (G)
cymer ddiod fach nawr (D)

have a little drink now

bwyta di'r stwnsh a'r moron 'na i gyd –

you eat all that mash and carrots

bwyta di'r cig a'r bresych 'na i gyd –

you eat all that meat and cabbage

– bob tamaid!

– every scrap!

cnoia fo'n dda (G)
cno fe'n dda (D)

give it a good chew

paid â'i wthio fo i mewn yn rhy bell, da ti (G)
paid â'i wthio fo i mewn yn rhy bell, er mwyn popeth/er mwyn y nef !(D)

don't push it in too far, whatever you do!

paid â llowcio –

don't gobble –

– neu mi dagi di, mi gei di weld (G)
– neu fe dagi di, fe gei di weld (D)

– or you'll choke, you'll see

watsia! (G)
cymer ofal! (D)

careful!

paid â stwffio dy hun!

don't stuff yourself!

• Calonogi

o! mae o'n flasus! (G)
o! mae e'n flasus! (D)

mae rhaid i ti fwyta, wyt ti'n gweld

bwyta bob tamaid ohono i Mam, rwan – (G)
bwyta bob tamaid ohono i Mam, nawr – (D)

– i ti dyfu'n hogyn mawr (G)
– i ti dyfu'n fachgen mawr (D)

– i ti dyfu'n hogan fawr (G)
– i ti dyfu'n ferch fawr (D)

rwyt ti'n hoffi pysgod, on'd wyt ti?

rwyt ti'n hoffi moron, on'd wyt ti?

all Mam dy helpu di?

• Brysia!

tyrd wir! (G)
dere wir! (D)

brysia!

mi eith yn oer (G)
fe aiff yn oer (D)

rwyt ti'n cymryd amser hir ofnadwy

• Perswadio

wyt ti'n mynd i fod yn hogyn da i Mam heddiw? (G)
wyt ti'n mynd i fod yn fachgen da i Mam heddiw? (D)

• Encouraging

oh! it tastes lovely!

you must eat, you see

eat every bit for Mam, now –

– so you'll grow up to be a big boy

– so you'll grow up to be a big girl

you like fish, don't you?

you like carrots, don't you?

can Mam help you?

• Hurry!

come on, do!

hurry up!

it'll get cold

you're taking a terribly long time

• Persuading

are you going to be a good boy for Mam today?

wyt ti'n mynd i fod yn hogan dda i Mam heddiw? (G)
wyt ti'n mynd i fod yn ferch dda i Mam heddiw? (D)

are you going to be a good girl for Mam today?

tyrd! bwyta damaid bach i Mam! (G)
dere! bwyta damaid bach i Mam! (D)

come on! eat a little bit for Mam!

gad i fi dy weld di'n agor dy geg yn llydan

let me see you open your mouth really wide

dangosa i Mam sut rwy ti'n gallu/medru bwyta'r cwbl (G)
dangos i Mam fel rwyt ti'n gallu bwyta'r cyfan/cwbwl (D)

show Mam how you can eat the whole lot

• Rhesymu

• Reasoning

i lawr ag o – bob tamaid (G)
i lawr ag e – bob tamaid (D)

down it goes – every bit

– bob tamaid ohono

– every bit of it

fel byddi di'n tyfu'n hogyn mawr (G)
fel byddi di'n tyfu'n fachgen mawr (D)

so you grow up to be a big boy

fel byddi di'n tyfu'n hogan fawr (G)
fel byddi di'n tyfu'n ferch fawr (D)

so you grow up to be a big girl

fyddi di ddim yn tyfu'n fawr, wyddost/ti'n gwybod, –

you won't grow big, you know –

– os na fyddi di'n bwyta

– if you don't eat

• Colli Amynedd

• Losing Patience

rwyt ti'n gwneud Mam yn flin, wyddost (G)
rwyt ti'n gwneud Mam yn grac, ti'n gwybod (D)

you're making Mam cross, you know

dwyt ti ddim wedi bwyta llawer o gwbl, wyt ti?

you haven't eaten very much at all, have you?

beth wnawn ni â ti?

what shall we do with you?

chei di ddim pwdin!

you won't get any pudding!

mae rhaid i ni beidio â gwastraffu bwyd, –

we musn't waste food, –

– on'd oes? (G)
– on'd oes e? (D)

does dim eisiau bod yn wirion, nac oes (G)
does dim eisiau bod yn ddwl, oes e (D)

dydy Mam ddim eisiau gweld beth sy yn dy geg –

– a dweud y gwir!/– wir!

rwyt ti'n hogyn bach drwg! (G)
rwyt ti'n fachgen bach drwg! (D)

rwyt ti'n hogan fach ddrwg! (G)
rwyt ti'n ferch fach ddrwg! (D)

beth ddywedodd Mam wrthyt ti?

rwyt ti'n fochyn bach, on'd wyt ti?

• Mwy? / Rhagor?

wyt ti eisiau mwy o/rhagor o de?

fasai Mari'n hoffi mwy o saws arno? (G)
fyddai Mari'n hoffi rhagor o saws arno? (D)

gymeri di fwy/ragor?

wyt ti eisiau mwy/rhagor?

diod fach arall?

dim o gwbl?

bwyta beth sy gen ti gynta (G)
bwyta beth sy 'da ti gynta (D)

wyt ti eisiau darn o fara?

– must we?

there's no need to be silly, is there?

Mam doesn't want to see what's in your mouth –

– really!

you're a bad little boy!

you're a bad little girl!

what did Mam tell you?

you're a little pig, aren't you?

• More?

do you want some more tea?

would Mari like some more sauce on it?

will you have some more?

do you want any more?

a bit more to drink?

nothing at all?

eat what you've got, first

do you want a piece of bread?

• Gormod

wyt ti eisiau gadael hwnna 'te?

fwytaist ti mohono fe i gyd, naddo? (G)
fwytaist ti mohono fe i gyd, do fe? (D)

roedd dy lygad di'n fwy na dy fol! (G)
roedd dy lygad di'n fwy na dy fola! (D)

efallai bod Mam wedi rhoi gormod i ti

roedd gormod yna i ti, efallai

• Llawn

wyt ti'n llawn?

gest ti ddigon?

wyt ti wedi gorffen? (G)
wyt ti wedi bennu? (D)

mi a' i â dy blat di i ffwrdd, 'te (G)
fe a' i â dy blat di o'r ffordd, 'te (D)

• Llanast / Annibendod – Tynnu Sylw Ato

watsia, cariad! (G)
gofala/cymer ofal, cariad! (D)

rwyt ti'n ei golli o dros y lle i gyd! (G)
rwyt ti'n ei golli e dros y lle i gyd! (D)

rwyt ti wedi ei wasgaru o dros y bwrdd i gyd (G)
rwyt ti wedi ei chwalu e dros y bwrdd i gyd (D)

oes rhaid i ti wneud y fath lanast? (G)
oes rhaid i ti wneud y fath annibendod/stomp? (D)

• Too Much

are you leaving that, then?

you didn't eat all of it, did you?

your eye was bigger than your tummy!

perhaps Mam gave you too much

there was too much for you there, perhaps

• Full

are you full?

did you have enough?

have you finished?

I'll take your plate away, then

• Mess – Drawing Attention To It

watch out, dear!

you're dropping it all over the place!

you've spread it all over the table

do you have to make such a mess?

paid â rhoi dy lawes ynddo fo (G)	don't put your sleeve in it
paid â rhoi dy lawes ynddo fe (D)	

• Delio ag o / Delio ag e | **• Dealing With It**

mi geith Mam liain papur (G)	Mam'll get a paper towel
fe gaiff Mam liain papur (D)	
dyma gadach/glwtyn	here's a cloth
– i lanhau'r llanast 'ma (G)	– to wipe up this mess
– i lanhau'r annibendod/stomp 'ma (D)	
symud/symuda dy benelin o'r ffordd	move your elbow out of the way
ych! edrycha ar dy siwmper!	ugh! look at your jumper!

3 **TŶ BACH**	**TOILET**

• Awgrymu | **• Suggesting**

wyt ti eisiau mynd i'r tŷ bach?	do you want to go to the toilet?
rwy'n siŵr dy fod ti!	I'm sure you do!
rwy'n siŵr dy fod ti eisiau!	I'm sure you want to!
edrych!/edrycha! rwyt ti bron â marw eisiau mynd!	look at you! you're dying to go!

• Perswadio | **• Persuading**

tyrd i wneud pi-pi efo Mam (G)	come and do wee-wees with Mam
dere i wneud pi-pi gyda Mam (D)	
wyt ti'n dod?	are you coming?

• Ildio a Rhybuddio

o'r gorau, awn ni ddim, 'te

paid ti â gwlychu dy hun, rwan (G)
paid ti â gwlychu dy hun, nawr (D)

• Yn y Tŷ Bach

i fyny â ti (G)
lan â ti (D)

mae popeth yn iawn –

mae Mam yn dy ddal di

eistedd/eistedda'n ôl, 'te

• Bechgyn

coda'r sedd (G)
cwyd/cod y sedd (D)

i'r fowlen –

– ddim dros y lle, rwan (G)
– ddim dros y lle, nawr (D)

• Wedi Gorffen / Wedi Bennu

coda dy bants (G)
cwyd/cod dy bants (D)

i fyny â nhw (G)
lan â nhw (D)

coda dy drowsus (G)
cwyd/cod dy drowsus (D)

mi awn ni i olchi ein dwylo rwan (G)
fe awn ni i olchi ein dwylo nawr (D)

• Giving In and Warning

all right, we won't go then

don't you go and wet yourself, now

• In the Toilet

up you get

it's all right –

Mam's holding you!

sit back, then

• Boys

lift the seat

into the bowl –

– not all over the place, now

• Finished

pull your pants up

up they come

pull your trousers

we'll go and wash our hands now

over

18

months

4 TORRI EWINEDD

NAIL-CUTTING

• Perswadio

• Persuading

tyrd a gad i Mam dorri d'ewinedd di (G)
dere a gad i Mam dorri d'ewinedd di (D)

come and let Mam cut your nails

ble mae'r sisiwrn torri ewinedd?

where are the nail scissors?

• Gofal

• Care

aros yn llonydd, 'te

stay still, then

paid â symud modfedd rwan (G)
paid â symud modfedd nawr (D)

don't move an inch, now

mae'r sisiwrn yn finiog, wyt ti'n gweld

these scissors are sharp, you see

• Rhigymau'r Bysedd

• Finger Rhymes

dechrau efo – (G)
dechrau gyda – (D)

we'll start with –

– Modryb y Fawd

– Auntie Thumb

– bys yr uwd

– porridge finger

– bys y cogwrn

– knuckle finger

– Dic y Peipar

– Dick the Piper

– a Robin bach, bach, bach

– and teeny weeny little Robin!

Mae nifer o fersiynau rhanbarthol o'r rhigwm hwn. Yn y de-ddwyrain, fe ddywedir:

> Fenni Fenni
> Brawd Fenni Fenni
> Fenni Talgwr
> Dic y Crogwr
> Bys bach, druan ŵr
> Torrws ei ben fel pabwr.

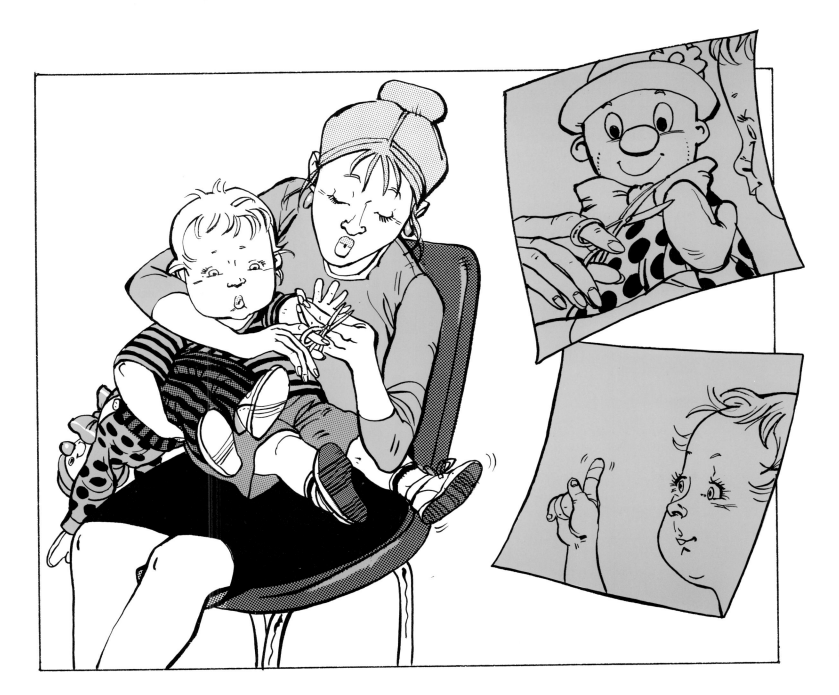

• **Whimbil**

w! mae gen ti whimbil ar hwn (G)
w! mae whimbil 'da ti ar hwn (D)

mae o'n edrych yn boenus, on'd ydy o? (G)
mae e'n edrych yn dost, on'd yw e? (D)

• **Ewin Wedi Rhwygo**

rwyt ti wedi rhwygo'r ewin bach yma

ydy o'n brifo? (G)
ydy e'n dost? (D)

mae o wedi rhwygo lawr i'r byw (G)
mae e wedi rhwygo lawr i'r byw (D)

• **Eli at bob Clwy!**

paid â phoeni

does dim ots

mi rown ni blastar arno (G)
fe rown ni blastar arno (D)

• **Sylwi**

edrych/edrycha –

– mae dy fysedd di wedi mynd yn rhyfedd/od reit

mae'r croen wedi crychu

– wedi bod yn rhy hir yn y bath

• **Hangnail**

ooh! you've got a hangnail on this one

it looks sore, doesn't it?

• **Torn Nail**

you've broken this little nail

does it hurt?

it's broken right down to the quick

• **Panacea!**

don't worry

it doesn't matter

we'll put a plaster on it

• **Noticing**

look –

– you're fingers have gone all funny

the skin's all wrinkled

– been too long in the bath

• **Sylwi**	• **Noticing**
mae eisiau golchi dy wallt	your hair needs washing
fyddwn ni ddim chwinciad/fawr o dro	we won't be a jiffy
• **Cyfarwyddo**	• **Directing**
pen i lawr!	head down!
pen yn ôl!	head back!
cau/caea dy lygaid yn dynn!	shut your eyes tight!
mae Iori'n cau ei lygaid	Iori's closing his eyes
mae Mari'n cau ei llygaid	Mari's closing her eyes
dala'r wlanen dros dy lygaid (G) dal y clwtyn dros dy lygaid (D)	hold the flannel over your eyes
• **Siampŵ**	• **Shampoo**
mi wlychwn ni'r gwallt yma'n gyntaf (G) fe wlychwn ni'r gwallt yma'n gyntaf (D)	we'll wet this hair first
y siampŵ wedyn	the shampoo, first
– i olchi dy wallt yn berffaith lân	– to wash your hair really clean
mi rwbiwn ni o i mewn yn dda (G) fe rwbiwn ni e i mewn yn dda (D)	we'll rub it in well
dala dy ben yn llonydd i Mam (G) dal dy ben yn llonydd i Mam (D)	hold your head still for Mam

over

18

months

115

• **Dŵr Drosto**

tywallt/rhoi dŵr trosto rwan (G)
arllwys/rhoi dŵr trosto nawr (D)

golchi'r sebon allan i gyd (G)
golchi'r sebon ma's i gyd (D)

• **Protestio**

o! twt! twt!

– does dim eisiau'r holl weiddi 'na

– does dim eisiau'r holl sgrechian 'na

mae rhaid i ti gadw dy ben yn llonydd

paid â rhwbio dy lygaid!

• **Cysuro**

bron â gorffen (G)
bron wedi bennu (D)

fyddwn ni ddim chwinciad rwan (G)
fyddwn ni ddim chwinciad/fawr o dro nawr (D)

• **Wedi Gorffen / Wedi Bennu**

dyna ni! popeth drosodd (G)
dyna ni! popeth wedi bennu (D)

mi olchith Mam dy wyneb di (G)
fe olchiff Mam dy wyneb di (D)

o! does dim eisiau tynnu wyneb!

oes dŵr gen ti yn dy glustiau? (G)
oes dŵr 'da ti yn dy glustiau? (D)

• **Rinsing**

we'll pour water over it now

rinse all the soap out

• **Protesting**

oh! tut! tut!

– there's no need for all that yelling

– there's no need for all that yelling

you must keep your head still

don't rub your eyes

• **Comforting**

nearly finished

we won't be two ticks now

• **Finished**

there we are! all over/finished

Mam will wipe your face

oh! there's no need to make a face!

have you got water in your ears?

• Sychu Gwallt

lliain sychu am dy ben di

– fel na fydd o'n diferu drosot ti i gyd (G)
– fel na fydd e'n diferu drosot ti i gyd (D)

– fel na fydd o'n diferu i lawr dy wddw di (G)
– fel na fydd e'n diferu i lawr dy wddwg di (D)

mi rwbith Mam o'n sych (G)
fe rwbiff Mam e'n sych (D)

• Sychwr Gwallt

mae o bron yn sych yr ochr yma (G)
mae e bron yn sych yr ochr yma (D)

mae o'n wlyb o hyd ar dy war di (G)
mae e'n wlyb o hyd ar dy war di (D)

mae o'n wlyb o hyd tu ôl i dy glust di (G)
mae e'n wlyb o hyd tu ôl i dy glust di (D)

mae dy gorun di'n wlyb domen (G)
mae dy gorun di'n wlyb diferu (D)

• Cribo a Gosod

tyrd i Mam 'i gribo fo'n ôl i ti (G)
dere i Mam 'i gribo fe'n ôl i ti (D)

o! mae o wedi drysu/clymu i gyd! (G)
o! mae e wedi cafflo/clymu i gyd! (D)

aros funud er mwyn i mi allu cribo'r cancar/clymau allan (G)
aros funud er mwyn i fi allu cribo'r clyme ma's (D)

safa'n/saf yn llonydd

• Drying Hair

a towel round your head

– so that it won't drip all over you

– so that it won't drip down your neck

Mam'll rub it dry

• Hair-Dryer

it's nearly dry this side

it's still wet at the back of your neck

it's still wet behind your ear

the top of your head's sopping wet

• Combing and Styling

come so Mam can comb it back for you

oh! it's all in a tangle!

wait a minute so I can comb the knots out

stand still

– i fi allu gwneud rhesen wen ynddo fo (G)
– i fi allu gwneud rhesen ynddo fe (D)

– so I can make a parting in it

• Edmygu

• Admiring

wel! mi wyt ti'n edrych yn ddel rwan!(G)
wel! rwyt ti yn edrych yn bert nawr! (D)

wel! you *do* look smart now!

yn wirioneddol smart

really smart

rwyt ti'n gyrliog i gyd

you're all curly

6	HELPU MAM

HELPING MAM

• Awgrymu

• Suggesting

ydy Iori am olchi'r llestri i Mam?

does Iori want to wash the dishes for Mam?

wyt ti'n dod i helpu Mam?

are you coming to help Mam?

wyt ti eisiau helpu Mam i olchi'r llestri?

do you want to help Mam with the washing-up?

mae'n well i ti eu sychu nhw, rwy'n meddwl/credu

I think you'd better do the drying

• Gwisgo Brat / Ffedog

• Putting on Apron

dos i nôl brat (G)
cer i nôl ffedog (D)

go and get an apron

gwisga'r brat yma (G)
gwisg y ffedog yma (D)

put on this apron

– fel na fyddi di'n gwlychu

– so you don't get wet

• Cadair / Stôl

mi gei di sefyll ar y gadair/stôl

mi rown ni'r gadair/stôl fan 'na

bydd/bydda'n ofalus

paid â syrthio, cariad (G)
paid â chwympo, cariad (D)

wyt ti'n iawn?

• Llewys

torcha dy lewys (G)
rholia dy lewys (D)

gwthia'r rhain i fyny – allan o'r ffordd (G)
gwthia'r rhain lan – ma's o'r ffordd (D)

un lawes – dwy lawes

i fyny â nhw (G)
lan â nhw (D)

• Mop

mae'n well i ti ddefnyddio'r mop

– dyna ti!

rhwbia nhw efo'r mop (G)
rhwbia nhw gyda'r mop (D)

• Cyfarwyddo'r Golchi

golch y/golcha'r cwpanau

• Chair / Stool

you can stand on the chair/stool

we'll put the chair/stool there

be careful

don't fall, love

are you all right?

• Sleeves

roll your sleeves up

push these up – out of the way

one sleeve – two sleeves

up they go

• Mop

you'd better use the mop

there you are!

rub them with the mop

• Supervising the Washing-Up

wash the cups

a'r un arall/llall

mi roith Mam y soseri yn y dŵr (G)
fe roiff Mam y soseri yn y dŵr (D)

bydda'n ofalus – mi dorri di nhw (G)
bydd yn ofalus – fe dorri di nhw (D)

coda'r llwyau o'r dŵr (G)
cwyd/cod y llwyau o'r dŵr (D)

• Glân

olchaist ti o'n iawn? (G)
olchaist ti e'n iawn? (D)

ydy o'n lân? (G)
ydy e'n lân (D)

dydy/dyw hwn ddim yn lân iawn

• Sychu

sycha'r plat rwan (G)
sycha'r plat nawr (D)

rho fo ar y bwrdd (G)
rho fe ar y bwrdd (D)

sychaist ti'r fowlen?

sychaist ti'r ddysgl?

cwpan pwy ydy honna? (G)
cwpan pwy yw hwnna? (D)

cwpan Mari ydy hi (G)
cwpan Mari yw e (D)

cwpan Iori ydy honna (G)
cwpan Iori yw hwnna (D)

and the other one

Mam will put the saucers in the water

be careful – you'll break them

pick the spoons out of the water

• Clean

did you wash it properly?

is it clean?

this isn't very clean

• Drying

dry the plate now

put it on the table

did you dry the bowl?

did you dry the dish?

whose mug is that?

it's Mari's mug

that's Iori's mug

Llestri Seimllyd

mae'r rhain yn seimllyd

mae llawer o saim ar y rhain

mi olchith Mam y rhain (G)
fe olchiff Mam y rhain (D)

Perygl

mi olchith Mam y cyllyll (G)
fe olchiff Mam y cyllyll (D)

mi sychith Mam y cyllyll (G)
fe sychiff Mam y cyllyll (D)

– maen nhw braidd yn beryglus

– maen nhw'n finiog, ti'n gweld

Mwy? / Rhagor?

oes rhywbeth arall?

oes rhywbeth ar ôl yma?

oes rhywbeth sy heb 'i olchi?

Wedi Gorffen / Wedi Bennu

wedi gorffen! (G)
wedi bennu! (D)

ta-ta ddŵr!

sychu dwylo

mi dynnwn ni'r brat (G)
fe dynnwn ni'r ffedog (D)

Greasy Dishes

these are greasy

there's a lot of grease on these

Mam will wash these

Danger

Mam will wash the knives

Mam will dry the knives

– they're a bit dangerous

– they're sharp, you see

More?

is there anything else?

is there anything left here?

is there anything that hasn't been washed?

Finished

finished!

bye-bye water!

drying hands

we'll take off the apron

tynna'r llewys yna i lawr (G)	pull down those sleeves
tynn y llewys yna i lawr (D)	
gad i Mam ddatod dy frat/ffedog, 'te	let Mam undo your apron, then

● Canmol　　　　　　　　　　　**● Praising**

rwyt ti'n gwneud dy orau, on'd wyt ti?	you do your best, don't you?
rwyt ti'n gwneud dy orau i helpu Mam	you do your best to help Mam
– yn gwneud dy orau	– doing your best
yn gwneud dy orau glas	doing your very best

7	DYSGU CWRTEISI	LEARNING MANNERS

● Sut i Ofyn　　　　　　　　　　**● How to Ask**

sut wyt ti'n gofyn?	how do you ask?
beth wyt ti'n ei ddweud?	what do you say?
"ie –" beth?	"yes –" what?
"os gwelwch yn dda", rwyt ti'n ei ddweud	"yes, please", isn't it?
wyt ti wedi gofyn yn iawn?	have you asked nicely?

● Pesychu a Dylyfu Gên　　　　　**● Coughing and Yawning**

llaw dros dy geg, cariad	hand over your mouth, darling
rho dy law dros dy geg pan fyddi di'n pesychu	put your hand over your mouth when you cough

rho dy law dros dy geg pan fyddi di'n dylyfu gên (G)
rho dy law dros dy geg pan fyddi di'n gapan (D)

put your hand over your mouth when you yawn

"esgusodwch fi", rwyt ti'n ei ddweud

"pardon", you say

● **Rhannu**

● **Sharing**

rho un i Modryb gyntaf

give one to Auntie first

rho un i Nain a Taid gynta (G)
rho un i Mam-gu a Tad-cu gynta (D)

give one to Grannie and Grandpa first

– ymwelwyr gynta, ynte? (G)
– ymwelwyr gynta, yntefe (D)

– visitors first, isn't it?

pobl eraill gynta, wyt ti'n gweld

other people first, you see

wyt ti'n rhoi un i Modryb gynta?

are you giving one to Auntie first?

8   CHWARAE A DYSGU

PLAYING AND LEARNING

● **Siapau a Maint (Lego, Blociau Adeiladu)**

● **Shapes and Sizes (Lego, Building Blocks)**

rydyn ni eisiau un bach gwyn rwan (G)
rydyn ni eisiau un bach gwyn nawr (D)

we need a small white one now

rydyn ni eisiau darn mwy o faint

we need a bigger piece

rydyn ni eisiau bloc llai na hwnnw

we need a smaller block than that

rydyn ni eisiau ffenest arall rwan (G)
rydyn ni eisiau ffenest arall nawr (D)

we need another window now

• **Matsio**

oes gen ti ddarn hir fel hwn? (G)
oes darn hir fel hwn 'da ti? (D)

oes un crwn, glas ar ôl? (D)

oes un arall fel hwn yna?

• **Edrycha! / Edrych!**

edrycha, mae rhai yma (G)
edrych, mae rhai yma (D)

edrycha, mae un fan 'na (G)
edrych, mae un fan 'na (D)

• **Gofyn yn Fwriadol**

Sawl olwyn wyt ti eisiau?

pa siâp/ffurf ydy hwn, 'te?

• **Awgrymu Sut Mae Gwneud**

gwasga fo'n galed (G)
gwasga fe'n galed (D)

alli di ei wneud o? (G)
alli di ei wneud e? (D)

gwthia fo i mewn (G)
gwthia fe i mewn (D)

gwthia fo i mewn i'r twll (G)
gwthia fe i mewn i'r twll (D)

paid â gwthio'n rhy galed

• **Matching**

have you got a long piece like this?

is there a round blue one left?

is there another one like this there?

• **Look!**

look, there are some here

look, there's one there

• **Asking Deliberately**

how many wheels do you need?

what shape's this, then?

• **Suggesting How To Do It**

press it hard

can you do it?

push it in

push it into the hole

don't push too hard

tynna fo i ffwrdd (G)
tynn e bant (D)

pull it off

tynna hwn i ffwrdd (G)
tynn hwn bant (D)

pull this one off

mae o wedi glynu'n sownd (G)
mae e wedi glynu'n dynn (D)

it's stuck fast

mae o'n glynu fel glud (G)
mae e'n glynu fel glud (D)

it's sticking like glue

mae'n amhosib i'w dynnu o i ffwrdd (G)
mae'n amhosib i'w dynnu e bant (D)

it's impossible to pull it off

• Ar Goll

• Lost

mae un olwyn ar goll

one wheel's missing

ble mae'r darn melyn yna?

where's that yellow piece?

ble mae o? (G)
ble mae e? (D)

where is it?

efallai ei fod o yn y blwch (G)
efallai ei fod e yn y blwch (D)

perhaps it's in the box

efallai ei fod o wedi syrthio ar y llawr (G)
efallai ei fod e wedi cwympo ar y llawr (D)

perhaps it's fallen on the floor

alli di ei weld o rywle? (G)
alli di ei weld e rywle? (D)

can you see it anywhere?

ddest ti o hyd iddo?

did you find it?

gest ti o? (G)
gest ti e? (D)

have you got it?

mae'n well i ti chwilio yn y blwch, 'te

you'd better look in the box, then

• Dod o Hyd Iddo

dyma fo! (G)
dyma fe! (D)

rwy wedi'i gael o! (G)
rwy wedi'i gael e (D)

roedd o dan dy fraich di (G)
roedd e dan dy fraich di (D)

mae o wrth dy benelin (G)
mae e wrth dy benelin (D)

• Paid!

paid â'u rhoi nhw yn dy geg

paid â'u cnoi nhw er mwyn popeth!

mae rhaid i ti beidio

• Jig-so

mi gymerwn ni'r darnau allan (G)
fe gymerwn ni'r darnau ma's (D)

tywallt o allan (G)
arllwys e ma's (D)

allan â nhw (G)
ma's â nhw (D)

mi rown ni'r darnau yn fan 'na (G)
fe rown ni'r darnau yn fan 'na (D)

mi wnawn ni'r jig-so ar ben y darlun (G)
fe wnawn ni'r jig-so ar ben y darlun (D)

• Finding It

here it is!

I've got it!

it was under your arm

it's by your elbow

• Don't!

don't put them in your mouth!

don't chew them, for goodness' sake!

you musn't

• Jigsaw Puzzle

we'll take the pieces out

tip it out

out they come!

we'll put the pieces there

we'll do the jigsaw on top of the picture

mi wnawn ni'r jig-so ar glawr y blwch/bocs (G)
fe wnawn ni'r jig-so ar glawr y blwch/bocs (D)

we'll do the jigsaw on the lid

• Chwilio am Ddarnau

• Looking for Pieces

chwilia am ei 'sgidiau fo (G)
chwilia am ei 'sgidiau fe (D)

look for his shoes

chwilia am ei sgert hi

look for her skirt

oes gen ti ddarn porffor fan 'na? (G)
oes darn porffor 'da ti fan 'na? (D)

have you got a purple piece there?

dyna ddarn o awyr

there's a piece of sky

darn o awyr ydy hwnna (G)
darn o awyr yw hwnna (D)

that's a piece of sky

dyma 'i wyneb –

there's his face –

– a dyna 'i hwyneb hi

– and there's her face

wyt ti'n gweld ei wallt o rywle? (G)
wyt ti'n gweld ei wallt e rywle (D)

can you see his hair anywhere?

wyt ti'n gweld 'i gwallt hi rywle?

can you see her hair anywhere?

ble mae hwnna'n mynd?

where does that go?

• Cyfarwyddo

• Directing

rho fo i mewn fan 'na (G)
rho fe i mewn fan 'na (D)

put it in there

gwasga fo i mewn (G)
gwasga fe i mewn (D)

press it in

•Y Ffordd Anghywir

• The Wrong Way

mae o'n anghywir fel 'na (G)
mae e'n anghywir fel 'na (D)

it's wrong like that

troia fe o gwmpas (G)
tro fe o gwmpas (D)

turn it round

troia fo'r ffordd iawn (G)
tro fe'r ffordd iawn (D)

turn it the right way round

• Cynorthwyo ac Awgrymu

• Helping and Suggesting

na, nid hwnna ydy o (G)
na, nid hwnna yw e (D)

no, it's not that one

na, dydy/dyw hwnna ddim yn ffitio

no, that one doesn't fit

dydw i ddim yn meddwl/credu bod hwnna'n iawn

I don't think that's right

ie, dyna fo (G)
ie, dyna fe (D)

yes, that's it

rwyt ti'n iawn

you're right

ai hwnna ydy o? (G)
ai hwnna yw e? (D)

is that it?

tybed!

I wonder!

• Gofyn

• Asking

ddest ti o hyd i'r ci bach?

did you find the doggie?

ddest ti o hyd iddo?

did you find him?

ydy o'n ffitio? (G)
ydy e'n ffitio? (D)

does it fit?

eith o i mewn fan 'na? (G)
aiff e i mewn fan 'na? (D)

will it go in there?

• Wedi Gorffen / Wedi Bennu

• Finished

dyna ni – wedi gorffen (G)
dyna ni – wedi bennu (D)

there we are – finished

mae'r darlun yn gyflawn eto

the picture's complete again

• Awgrymu

dechreua ddadwisgo rwan, 'te (G)
dechreua dynnu dy ddillad nawr, 'te (D)

tynn/tynna dy ddillad

i ffwrdd â'r dillad 'na rwan (G)
bant â'r dillad 'na nawr (D)

• Calonogi

datoda'r botymau'n gynta (G)
agor y botymau'n gynta (D)

mi fydd rhaid i ti agor y sip yn gynta (G)
fe fydd rhaid i ti agor y sip yn gynta (D)

tria di 'i wneud o i gyd ar dy ben dy hun (G)
ceisia di 'i wneud e i gyd ar dy ben dy hun (D)

dangosa i fi sut y galli di ei wneud o (G)
dangos i fi fel y galli di ei wneud e (D)

dangosa i Mam sut y galli di ddatod y botymau (G)
dangos i Mam fel y galli di ddatod y/mysgu'r botymau (D)

• Cyfarwyddo

breichiau allan gynta (G)
breichiau ma's gynta (D)

tynna dy freichiau'r holl ffordd allan (G)
tynn dy freichiau reit ma's (D)

dwy law i dynnu dy drowsus i lawr

– defnyddia'r ddwy law

• Suggesting

start undressing now, will you?

take off your clothes

off with your clothes, now

• Encouraging

undo the buttons first

you'll have to open the zip first

try and do it all by yourself

show me how you can do it

show Mam how you can undo the buttons

• Directing

arms out first

pull your arms right out

both hands to pull your trousers down

– use both hands

over

18

months

133

eistedda ar y gadair/stôl i dynnu dy 'sanau	sit on the chair/stool to take your socks off –
– neu mi syrthi di (G) – neu fe gwympi di (D)	– or you'll fall
ara deg! (G) gan bwyll! (D)	slowly does it! carefully!
mae dy ben di'n sownd	your head's stuck
mae popeth yn iawn	it's all right
does dim eisiau cynhyrfu, cariad	there's no need to get upset, dear
mi anghofiaist ti ddatod y botwm, on' do? (G) fe anghofiaist ti fysgu'r botwm, on' do fe? (D)	you forgot to undo the button, didn't you?
alli di ddod i ben?	can you manage?
mae braidd yn anodd i ti, efallai	it's rather difficult for you, perhaps

● **Tacluso**　　　　　　　　　　　　● **Tidying**

paid â gadael dy ddillad dros y llawr i gyd	don't leave your clothes all over the floor
gad nhw ar y gadair/stôl (G)	leave them on the chair/stool

10	AMSER BATH	BATHTIME

● **Paratoi**　　　　　　　　　　　　● **Preparing**

wyt ti eisiau arllwys ychydig fwrlwm baddon dy hunan?	do you want to pour some bubble-bath yourself?
mi wneith Mam ddatod y top i ti (G) fe wnaiff Mam ddatod y/fysgu'r top i ti (D)	Mam'll undo the top for you

dim gormod, rwan (G)
dim gormod, nawr (D)

not too much now

ara deg! (G)
gan bwyll! (D)

slowly!
carefully!

dyna lawn digon

that's quite enough

• Ymolchi

• Washing

golch/golcha dy wyneb gynta

wash your face first

defnyddia'r wlanen/clwtyn

use the flannel

rhwbia'r sebon yn yr ysbwng

rub the soap into the sponge

cofia olchi dy bengliniau

remember to wash your knees

– rhoi sgwriad iawn iddyn nhw

– give them a good scrub

cofia olchi rhwng dy goesau

remember to wash between your legs

gad i Mam olchi dy gefn

let Mam wash your back

• Allan / Ma's

• Out

mae'n bryd i ti ddod allan rwan (G)
mae'n bryd i ti ddod ma's nawr (D)

it's time to come out now

mi fyddi di'n oeri, wyt ti'n gweld (G)
fe fyddi di'n oeri, wyt ti'n gweld (D)

you'll get cold, you see

bydd dy groen yn crychu

your skin will get wrinkled

y croen ar dy ddwylo a dy draed

– the skin on your hands and feet

mi fydd rhaid i ti ddechrau meddwl am ddod allan rwan (G)
fe fydd rhaid i ti ddechrau meddwl am ddod ma's nawr (D)

you'll have to start thinking about coming out now

• **Gwagio'r Bath**

rwy'n gollwng y dŵr rwan (G)
rwy'n gollwng y dŵr nawr (D)

wyt ti eisiau tynnu'r plwg allan? (G)
wyt ti eisiau tynnu'r plwg ma's? (D)

coda'r teganau o'r dŵr (G)
cwyd/cod y teganau o'r dŵr (D)

gwasga'r dŵr allan ohonyn nhw (G)
gwasga'r dŵr ma's ohonyn nhw (D)

tywallt y dŵr allan o hwnna (G)
arllwys y dŵr ma's o hwnna (D)

• **Emptying the Bath**

I'm letting out the water now

do you want to pull out the plug?

pick the toys out of the water

squeeze the water out of them

pour the water out of that one

11 GLANHAU DANNEDD

CLEANING TEETH

• **Dod o Hyd i Frwsh**

p'un ydy dy frwsh di? (G)
p'un yw dy frwsh di? (D)

p'un ydy o? (G)
p'un yw e? (D)

wyt ti'n gwybod?

pa liw ydy o? (G)
pa liw yw e? (D)

• **Cyfarwyddo**

dala'r brwsh, 'te (G)
dal y brwsh, 'te (D)

• **Finding Brush**

which is your brush?

which is it?

do you know?

which colour is it?

• **Directing**

hold the brush, then

139

rho fo dan y tap – (G)
rho fe dan y tap – (D)

– i'w wlychu o (G)
– i'w wlychu e (D)

put it under the tap –

– to wet it

● **Past Dannedd**

mi roith Mam bast dannedd arno (G)
fe roiff Mam bast dannedd arno (D)

dala fo'n iawn (G)
dal e'n iawn (D)

wps! dim gormod

dim ond tipyn bach (G)
dim ond ychydig (D)

dyna ni

●**Toothpaste**

Mam'll put toothpaste on it

hold it properly

oops! not too much

only a little

there we are

● **Brwsio Dannedd**

agor/agora dy geg

dannedd efo'i gilydd (G)
dannedd gyda'i gilydd (D)

brwsia! i fyny ac i lawr (G)
brwsia! lan a lawr (D)

'n ôl a 'mlaen

– a'r dannedd ôl

– a'r rhai gwaelod wedyn

agora dy geg – yn llydan (G)
agor dy geg – yn llydan (D)

dyna hogyn da (G)
dyna fachgen da (D)

● **Brushing Teeth**

open your mouth

teeth together

brush! up and down

back and forth

– and the back teeth

– and then the bottom ones

open your mouth – wide

there's a good boy

dyna hogan dda (G)
dyna ferch dda (D)

there's a good girl

• Golchi Ceg

• Rinsing Mouth

golch/golcha dy geg

rinse your mouth

wyt ti eisiau golchi dy geg?

do you want to rinse your mouth?

ceg dan y tap, 'te

mouth under the tap, then

dŵr o'r gwydr, wedyn

water from the mug, afterwards

poera fo allan (G)
poera fe ma's (D)

spit it out

– a golch y/golcha'r brwsh

– and rinse the brush

• Edmygu

• Admiring

gad i mi weld

let me see

o! mae'n nhw'n disgleirio

oh! they're shining!

o! 'na ddannedd glân hyfryd!

oh! what beautiful clean teeth!

12 AMSER GWELY

BEDTIME

• I'r Gwely

• To Bed

i'r gwely!

to bed!

i mewn â ti

in you go

ar unwaith –

at once –

os wyt ti eisiau stori

dim crwydro o gwmpas y lle yn droednoeth

● Dewis Llyfr

dewis/dewisa lyfr

dos a dewis lyfr (G)
cer a dewis lyfr (D)

pa lyfr wyt ti eisiau heno?

p'un wyt ti eisiau?

● Gweddïau

dwed/dweda dy bader cyn mynd i gysgu

mi ddwedith Mam nhw efo ti (G)
fe ddwediff Mam nhw gyda ti (D)

mi ganith Mam emyn fach efo ti (G)
fe ganiff Mam emyn fach gyda ti (D)

caea dy lygaid, 'te (G)
cau dy lygaid, 'te (D)

dwylo ynghyd

● Golau

mi ddaw Mam i fyny yn ddiweddarach – (G)
fe ddaw Mam lan nes ymlaen – (D)

– i ddiffodd y golau

does dim eisiau cynnau'r lamp

mae hi'n ddigon golau

if you want a story

don't wander round the place with bare feet

● Choosing a Book

choose a book

go and choose a book

which book do you want tonight!

which one do you want?

● Prayers

say your prayers before going to sleep

Mam'll say them with you

Mam'll sing a little hymn with you

shut your eyes, then

hands together

● Light

Mam'll come up later –

– to switch off the light

there's no need to switch on the lamp

it's light enough

• Cwsg

Mam yn diffodd y golau

cysga rwan (G)
cwsg nawr (D)

mae hi'n hwyr

• Nos Da!

sws i Mam, 'te (G)
cusan i Mam, 'te (D)

cysga tan y bore! (G)
cwsg tan y bore! (D)

cysga'n dynn (G)
cwsg yn dda (D)

cysga tan y bore bach! (G)
cwsg tan y bore bach! (D)

nos da, cariad!

• Sleep

Mam putting off the light

go to sleep now

it's late

• Good Night!

a kiss for Mam, then

sleep till morning!

sleep tight

sleep till the break of day!

good night, love!

Nodiadau:

1. Defnyddir trefn yr wyddor Gymraeg yn yr eirfa hon – a, b, c, ch, d, dd, e, f, ff, g, ng, h, i, j, l, ll, m, n, o, p, ph, r, rh, s, t, th, u, w, y. Er hwylustod, rhod-dir y geiriau sy'n dechrau â chollnod ar ddechrau'r eirfa.

2. Sillefir y geiriau yn yr eirfa yn union fel y maent yn ymddangos yn y testun. Os yw'r ffurf lenyddol yn wahanol, fe'i ceir mewn cromfachau fel y gall y darllenydd edrych am ystyron eraill y gair.

3. Yn y testun, gall fod gair megis *gweld* wedi'i gyfieithu fel "see", "to see" neu "seeing". Er hwylustod, fe'i cyfieithir yma fel "to see" yn unig.

4. Dangosir ffurfiau gorchmynnol megis *dere!* "come!" ag ebychnod ar eu hôl. Os yr un yw'r ffurf orchmynnol a'r ferfenw yn y Gymraeg, fe'u dangosir fel hyn: agor (!) - to open(!).

5. Cyfieithir y ffurfiau berfol a rhagenwol a ddefnyddir â phlentyn yn y Gymraeg, heb sylw, fel "you, your (etc.)" yn y testun ac yn yr eirfa. Tynnir sylw yn yr eirfa at ffurfiau lluosog neu ffurfiol o ferfau a rhagenwau fel hyn: "(pl. & pol.)".

Notes:

1. Words appear in the order of the Welsh alphabet – a, b, c, ch, d, dd, e, f, ff, g, ng, h, i, j, l, ll, m, n, o, p, ph, r, rh, s, t, th, u, w, y. For convenience, words beginning with an apostrophe in the text are grouped together here at the beginning of the glossary.

2. Words in the glossary are spelled exactly as they appear in the text, with, if it is different, the "dictionary" form in brackets, so that the reader may be able to check for other meanings of a given word.

3. In the text, a word such as *gweld* may be translated as "see", "to see" or "seeing". For convenience it is here translated only as "to see".

4. Imperative forms such as *dere!* "come!" are shown with an exclamation mark. Where the "to"-form and the imperative are the same in Welsh they are shown thus: agor (!) - to open (!).

5. The verb and pronoun forms used with a child in Welsh are translated without comment as "you, your (etc.)" in the text and glossary. In the glossary, plural and polite forms of verbs and pronouns are noted thus: "(pl. & pol.)".

GEIRFA — GLOSSARY

collnod

'da (gyda)	- with
'da fi (etc.)	- I (etc.) have
'nghariad (cariad)	- my love
'i (ei)	- his, her
'ma (yma)	- this, here
'mach (bach)	
'mach i	- dearie
'mestyn (ymestyn)	- to stretch (oneself)
'mlaen (ymlaen)	- on(ward), forward
'mo	- not, none of
'n (yn)	- (verbal particle)
'na (yna)	- that, there
'r (y l)	- the
'sanau (hosan)	- socks, stockings
'sgathriad (ysgathriad)	- graze
'sgidiau (esgid)	- shoes
'te (ynteu)	- then
'u (eu)	- their
'w (after i)	- his, her, their

a

a	- and
â	- with
ac (a)	- and
adar	- birds
adeiladu	- to build
adre'	- home(wards)
aer	- air
afael (gafael)	- to take hold
aflonydd	- restless
afon	- river
ag (â)	- with
agor (!)	- to open (!)
agora! (agor)	- open!
agos	- near
angen	- need
anghofiaist (anghofio)	- you forgot

anghofio	- to forget
anghywir	- wrong
ai	- is it?
aiff (mynd)	- he (etc.) will go
all (gallu)	- he (etc.) can
allan	- out/outside
alli (gallu)	- you can, may, will be able
allu (gallu)	- to be able
am	- about, at, for (etc.)
amau	- to doubt
amdanat (am)	- about you, round you
amhosibl	- impossible
amser	- time
amynedd	- patience
anniben	- untidy
annibendod	- untidiness
annwyd	- cold (in the nose)
annwyl	- dear
anodd	- difficult
ar	- on
ara (araf)	
ara deg!	- slowly does it!
arall	- other
ardderchog	- excellent
arllwys (!)	- to pour (!)
arnat (ar)	- on you
arni (ar)	- on her
arno (ar)	- on him
aroglau (arogl)	- smells
arogli	- to smell
arolwg	- survey
aros (!)	- to stay, wait (!)
arhoswn! (aros)	- let's stay, wait!
at	- (up) to
atat (at)	- (up) to you
atgoffa	- to remind
ati (at)	- (up) to her
ato (at)	- (up) to him
aur	- gold
aw!	- ow!
awgrymu	- to suggest
awn (mynd)	- we'll go, let's go
awyr	- air

b

babi	- baby
bach	- small
bachgen	- boy
bader (pader)	- prayer
baddon (badd)	- bath
baeddu	- to dirty
bag	- bag
baglu	- to trip, stumble
baldaruo (paldaruo)	- to babble
bant	- off
bants (pants)	- pants
barod (parod)	- ready
bast (past)	- paste
bath	- bath
baw	- mud, dirt
bawd	- thumb
bechgyn (bachgen)	- boys
bedwar (pedwar)	
ar 'i bedwar	- on all fours
bengliniau (penglin)	- knees
beidio (peidio)	- to stop
bell (pell)	- far
ben (pen)	- head, top
bendith	- blessing
benelin (penelin)	- elbow
bennu (pennu)	- to finish
ben-ôl/pen-ôl	- bottom, behind
berffaith (perffaith)	- perfect
bert (pert)	- pretty
beryglus (peryglus)	- dangerous
beswch (peswch)	- cough
beth (peth)	- thing
beth? (pa beth)	- what?
bethau (peth)	- things
bia (piau)	- owns
bigo (pigo)	- to pick, prick
bihafio (*also* byhafio)	- to behave oneself
biti (piti)	- pity
blaen	- in front
blas	- taste
blastar (plastar)	- plaster

blat (plat)	- plate
ble? (pa le)	- where?
blino	- to tire
bloc	- block
blociau (bloc)	- blocks
blwch	- box
bo (bod)	- may be
bô	- bow
bob (pob)	- every
bobol (pobl)	- people
boch	- cheek
bod	- to be
boen (poen)	- pain
boenus (poenus)	- painful
boeth (poeth)	- hot
bol	- belly, tummy
bola	- belly, tummy
bore	- morning
botwm	- button
botymau (botwm)	- buttons
bowdwr (powdwr)	- powder
braf	- fine
braich	- arm
braidd	- almost, rather
brat	- apron, bib
breichiau (braich)	- arms
brenin	- king
bresych	- cabbage
brifo	- to hurt
bron	- nearly
brwnt	- dirty
brwsh	- brush
brwsia! (brwsio)	- brush!
brwsio	- to brush
bry' (pryf)	- fly
bryd (pryd)	- time
brymm-brymm!	- vroom-vroom!
brysia! (brysio)	- hurry!
brysio	- to hurry
budr	- dirty
bw!	- boo!
bwcl	- buckle
bwdu (pwdu)	- sulk, pout

bwpw (pwpw)	- pooh-pooh
bwrdd	- table
bwrw	- to hit
bwrw glaw	- to rain
bws	- bus
bwy? (pwy)	- who?
bwyd	- food
bwydo	- to feed
bwyll (pwyll)	
gan bwyll!	- carefully
bwys (pwys)	
ar bwys	- beside
bwyta (!)	- to eat (!)
byclau (bwcl)	- buckle
byd	- world
bydd (bod)	- he (etc.) will be
bydd! (bod)	- be!
bydda (bod)	- I'll be
bydda! (bod)	- be!
byddi (bod)	- you'll be
bys	- finger
bysedd (bys)	- fingers
byth	- ever
byw	- to live
bywyd	- life

c

cad! (cadw)	- keep!
cadach	- cloth
cadair	- chair
cadw	- to keep
cadwa! (cadw)	- keep!
cae	- field
caea! (cau)	- close! fasten!
caead	- cover
cael	- to get, have, be allowed
cafflo	- to entangle
calonogi	- to encourage
cancar	- knots, tangles
canmol	- praise
cap	- cap
careiau (carrai)	- laces

cariad	- love, darling
cario	- to carry
cas	- nasty
casglu	- to collect
cath	- cat
cau (!)	- to close, fasten (!)
cawod	- shower
cefn	- back
ceffyl	- horse
ceg	- mouth
cei (cael)	- you may
ceiniog	- penny
ceir (car)	- cars
ceisia! (ceisio)	- try!
cer!	- go!
cerdded	- to walk
cewyn	- nappy
ci	- dog
cicia! (cicio)	- kick!
cicio	- to kick
cig	- meat
cinio	- dinner
clapio	- to clap
cleren	- a fly
clustiau (clust)	- ears
clwt	- rag, nappy
clwtyn	- rag, nappy
clwy (clwyf)	- disease, wound
clyd	- cosy
clymau/clyme (cwlwm)	- knots
clymu	- to tie up, tangle
clywed	- to hear
cno! (cnoi)	- chew!
cnoi	- to chew!
cnoia! (cnoi)	- chew
coch	- red
cod! (codi)	- lift up! pull up! get up!
coda! (codi)	- lift up! pull up! get up!
codi	- to lift up, pull up, get up
coed	- woods, trees
coesau (coes)	- legs
cofia! (cofio)	- remember!
cofio	- to remember
cogwrn	- knuckle
colli	- to lose
cosi	- to tickle, itch
crac	- angry
crafiad	- scratch
crafu	- to scratch
credu	- to believe
cribo	- to comb
crio	- to cry
croen	- skin
crwn	- round
crwydro	- to wander
crychau (crych)	- folds, wrinkles
crychu	- to wrinkle
cuddio	- to hide
curo	- to beat, to clap
curo dwylo	- to clap hands
cusan	- kiss
cwbl	- everything, the lot
cwlwm	- knot
cwpan	- cup, mug
cwpanau (cwpan)	- cups, mugs
cwpwrdd	- cupboard
cwrteisi	- courtesy
cwsg (!)	- sleep (!)
cwyd! (codi)	- lift up! pull up! get up!
cwympo	- to fall
cwyno	- to complain
cydio	- to get stuck, caught
cyfan	- all, everything
cyfarwyddo	- to direct, instruct
cyfogi	- to be sick, throw up
cyfforddus	- comfortable
cyffwrdd	- to touch
cyllyll (cyllell)	- knives
cymaint	- as much/many, so much/many
cymer! (cymryd)	- take! have!
cymera! (cymryd)	- take! have!
cymryd	- to take, have
cymylau (cwmwl)	- clouds
cyn	- before
cynhyrfu	- to worry, get excited
cynnau	- light

cynnes	- warm
cynorthwyo	- to help
cyrls	- curls
cyrraedd	- to arrive, get there
cysga! (cysgu)	- sleep!
cysgu	- to sleep
cysuro	- to comfort
cysurus	- comfortable

ch

chael (cael)	- to get, have, be allowed
chanu (canu)	- to sing
chau (cau)	- to close, shut
chefn (cefn)	- back
cheg (ceg)	- mouth
chei (cael)	- you may (not), can (not)
cherdded (cerdded)	- to walk
cherddi (cerdded)	- you'll (not) walk
chest (cael)	- you did (not) get
chi	- you (pl. & pol.)
chloi (cloi)	- to close
chot (cot)	- coat
chrio (crio)	- to cry
chroen (croen)	- skin
chwarae	- to play
chwareus	- playful
chwerw	- bitter
chwilia! (chwilio)	- look for!
chwilio	- to look for
chwinciad	- twinkling
chwith	- left
o chwith	- wrong way round
chwympo (cwympo)	- to fall
chwytha! (chwythu)	- blow!
chwythu	- to blow
chyffwrdd (cyffwrdd)	- to touch
chysgu (cysgu)	- to sleep
chysuro (cysuro)	- to comfort

d

d' (dy)	- your

da	- good
da ti!	- I beg you! for goodness' sake!
Dad	- Dad
dadwisgo	- to undress
dafod (tafod)	- tongue
dagi (tagu)	- you'll choke
dagu (tagu)	- to choke
dangos (!)	- to show (!)
dangosa! (dangos)	- show!
dail (deilen)	- leaves
dal (!)	- to hold, catch, keep on (!)
dala! (dal)	- hold!
dalcen (talcen)	- forehead
damaid (tamaid)	- piece, bit
damshal (damsang)	- to step, tread
dan	- under
danat (dan)	- under you
dannedd (dant)	- teeth
daria!	- drat!
darlun	- picture
darn	- bit, piece
darnau (darn)	- bits, pieces
daro (taro)	- to strike
datod (!)	- to undo (!)
datoda! (datod)	- undo!
dau	- two
daw (dod)	- he (etc.) will come
dawel (tawel)	- quiet
de	- right-hand side
de (te)	- tea
deall	- to understand
dechrau (!)	- to begin (!)
dechreua! (dechrau)	- begin!
defaid (dafad)	- sheep (pl.)
defnyddia! (defnyddio)	- use!
deffro	- to wake up
deg (teg)	
ara' deg!	- carefully
degan (tegan)	- toy
deimlo (teimlo)	- to feel
del	- pretty
deledu (teledu)	- television
delio	- to deal

dere! (dod)	- come!
deth (teth)	- teat
dewis (!)	- to choose (!)
dewisa! (dewis)	- choose!
di (ti)	- you
diain (= diawl)	
myn diain i!	- well, I'm blowed! goodness me!
dianc	- to run away
diar	- dear
dic-a-dic!	- ticky, ticky!
dic-a-do!	- ticky, tick!
diddorol	- interesting
diengyd (dianc)	- to escape, get away from
diferu	- to drip
gwlyb diferu	- soaking wet
diferyn	- a drop
difetha	- to spoil, scuff
diflannu	- to disappear
difyrru	- to amuse, distract
diffodd	- to switch off
digon	- enough
digwydd	- to happen
dihuno	- to waken
dillad	- clothes
dim	- none
diod	- drink
disgleirio	- to shine
diwedd	- end
do	- yes, I (etc.) did
dod	- to come
does (bod)	- there isn't
dolen	- bow
dolur	- a hurt
domen	
gwlyb domen	- soaking wet
dop (top)	- top
dorchi (torchi)	- to roll
dorchith (torchi)	- he (etc.) will roll
dorri (torri)	- to break
dos!	- go!
dos	- dose
dost (tost)	- sore, ill
dotio	- to dote

draed (troed)	- feet
drafferth (trafferth)	- bother, trouble
draw	- over (yonder)
drefn (trefn)	
dweud y drefn	- to scold
dro (tro)	- time, occasion
droed (troed)	- foot
droednoeth (troednoeth)	- barefoot
droi (troi)	- to turn
dros	- over, instead of
drosodd	- over
drosot (dros)	- over you, instead of you
drosto (dros)	- over him, it
drowsus (trowsus)	- trousers
drueni (trueni)	- pity
drwg	- bad
drwm (trwm)	- heavy
drws	- door
drwy (trwy)	- through
drwyddo (trwy)	- through him, it
drwyn (trwyn)	- nose
drysau (drws)	- doors
drysu	- to tangle
dwed! (dweud)	- say!
dweda! (dweud)	- say!
dwedwch! (dweud)	- say! (pl. & pol.)
dweud	- to say
dwl	- stupid, foolish
dwll (twll)	- hole
dwn-i-ddim-be'	- I don't know what
dŵr	- water
dwtsiad (twtsiad)	- to touch
dwy	- two
dwylo (llaw)	- hands
dwym (twym)	- warm
dwyno	- to dirty, to soil
dwyt (bod)	- you're (not)
dy	- your
dydw (bod)	- I'm (not)
dydy (bod)	- he (etc.) is (not)
dydyn (bod)	- we, they are (not)
dyfalu	- to guess, imagine
dyfu (tyfu)	- to grow

dylyfu	
dylyfu gên	- to yawn
dyma	- here is, are
dymer (tymer)	- temper
dyna	- there's
dynn (tynn)	- tight, stuffed up
dynnu (tynnu)	- to hold, take
dynnwn (tynnu)	- we'll take (off)
dysgu	- to learn, teach
dywed! (dweud)	- say! eh?

dd

dda (da)	- good
ddadwisgo (dadwisgo)	- to undress
ddaear (daear)	- earth, ground
ddal (dal)	- to hold, catch, carry on
ddala! (dal)	- hold!
ddannedd (dant)	- teeth
ddarn (darn)	- piece
ddarnau (darn)	- pieces
ddatod (datod)	- to undo
ddaw (dod)	- he (etc.) will come
dde (de)	- right-hand side
ddechrau (dechrau)	- to begin
ddefnyddio (defnyddio)	- to use
ddel (del)	- smart, pretty
ddest (dod)	- you came
ddiferyn (diferyn)	- a drop
ddifri (difrif)	- serious
ddiffodd (diffodd)	- to switch off
ddigio (digio)	- to be cross, grumpy
ddigon (digon)	- enough
ddigri (digrif)	- funny
ddigwyddodd (digwydd)	- (it) happened
ddigywilydd (digywilydd)	- shameless
ddihun (dihun)	- awake
ddillad (dillad)	- clothes
ddim (dim)	- not, no
ddim (i) fod	- not to, not supposed to
ddiod (diod)	- a drink
ddiogel (diogel)	- safe
ddistaw (distaw)	- quiet

ddiwedd (diwedd)	- end
ddiweddarach (diweddarach)	- recent
ddiwrnod (diwrnod)	- day
ddo' (dod)	- (I) will come
ddod (dod)	- to come
ddoe (doe)	- yesterday
ddoniol (doniol)	- funny
ddrwg (drwg)	- bad, naughty
ddwedith (dweud)	- he (etc) will say
ddwedodd (dweud)	- he (etc) said
ddweud (dweud)	- to say
ddwl (dwl)	- stupid, silly
ddŵr (dŵr)	- water
ddwrn (dwrn)	- fist
ddwy (dwy)	- two
ddwylo (llaw)	- hands
ddysgl (dysgl)	- dish
ddywedodd (dweud)	- he (etc) said

e

e (ef)	- he, him
edmygu	- to admire
edrych (!)	- to look (!)
edrycha! (edrych)	- look!
efallai	- perhaps
efe	- he, it
efo	- with
effro	- awake
egluro	- to explain
ein	- our
eisiau	- want, need
eistedd (!)	- to sit (!)
eistedda! (eistedd)	- sit!
eith (mynd)	- he (etc.) will go
eitha'	- rather
eli	- ointment, cream
emyn	- hymn
ên (gên)	- chin
enw	- name
er	
er mwyn	- in order to, for the sake of
eraill (arall)	- others

erbyn	- by, against
ers	- since
esgid	- shoe
esgidiau (esgid)	- shoes
esgusodwch! (esgusodi)	- excuse! (pl. & pol.)
estyn (!)	- stretch (!)
eto	- again, yet
eu	- their
ewin	- finger nail
ewinedd (ewin)	- finger nails

f

fach (bach)	- little, small
fachgen (bachgen)	- boy
faint (maint)	- how much/many
falch (balch)	- pleased, proud
faldod (maldod)	- fondness, cuddling
fami (mam)	- mummy
fan (man)	- place
fara (bara)	- bread
fasai (bod)	- (if) he (etc) were, would be
faset (bod)	- (if) you were, would be
fasged (basged)	- basket
fath (math)	- type, sort
faw (baw)	- mud, dirt
fawd (bawd)	- thumb
fawr (mawr)	- big, large
fe (1)	- he, him, it
'i . . . fe	- his . . . , its . . . ;
fe (2) (+ verb)	- (verbal particle)
feddal (meddal)	- soft
fel	- like, as, how
felen (melyn)	- yellow
felys (melys)	- sweet
felysion (melysion)	- sweets
ferch (merch)	- girl
fest	- vest
fi	- I, me
finiog (miniog)	- sharp
flanced (blanced)	- blanket
flasus (blasus)	- tasty, nice tasting
flêr (blêr)	- untidy

flin (blin)	- cross
fo	- he, him, it
'i . . . fo	- his . . . , its . . .
fochyn (mochyn)	- pig
fod (bod)	- be
fodd (modd)	
wrth dy (etc) fodd	- delighted
fogel (bogail)	- navel
fol (bol)	- belly, tummy
fola (bola)	- belly, tummy
fory (yfory)	- tomorrow
fotwm (botwm)	- button
fowlen (bowlen)	- bowl
fraich (braich)	- arm
frat (brat)	- apron, bib
frau (brau)	- fragile, brittle
freichiau (braich)	- arms
frifaist (brifo)	- you hurt yourself
frifo (brifo)	- to hurt (oneself)
frwnt (brwnt)	- dirty
frwsh (brwsh)	- brush
frwsio (brwsio)	- to brush
frys (brys)	- haste, hurry
fudr (budr)	- dirty
funud (munud)	- a minute
fwriadol (bwriadol)	- on purpose
fwrlwm (bwrlwm)	- bubbling
fwy (mwy)	- more, bigger
fwyd (bwyd)	- food
fwydyn (mwydyn)	- worm
fwyta (bwyta)	- to eat
fwytaist (bwyta)	- you ate
fwythau (mwythau)	- hugs and kisses
fy	- my
fydd (bod)	- he (etc.) will be
fydda' (bod)	- (I) will be
fyddai (bod)	- (if) he (etc.) were, would be
fyddet (bod)	- (if) you were, would be
fyddi (bod)	- you'll be
fyddwn (bod)	- we will be
fynd (mynd)	- to go
fynni (mynnu)	- you want, wish

fyny
　i fyny - up
fys (bys) - finger
fysedd (bys) - fingers

ff

ffedog - apron
ffenest - window
ffitio - to fit
ffôl - foolish, silly
fforc - fork
ffordd - way, road
ffrindiau (ffrind) - friends
ffrog - frock, dress
ffurf - way, form
ffurfiau (ffurf) - ways
ffwdan - fuss
ffwrdd
　i ffwrdd - away, off

g

g'nonyn (cynrhonyn) - maggot
ga' (cael) - (I) can, may
gad! (gadael) - let!
gadach (cadach) - cloth
gadael - to let, leave
gadair (cadair) - chair
gadair-wthio - pushchair
gadw (cadw) - to keep
gael (cael) - to get, have, be allowed
gafael - to hold, take hold
gaiff (cael) - you can, may, will
galed (caled) - hard
galli (gallu) - you can, may, will be able
gallu - to be able
gan - with
　gan (+ noun) - (...) has, have
ganddyn - with them, they have
ganith (canu) - he (etc) will sing
ganu (canu) - to sing
gapan - to gape, to yawn

gawn (cael) - we'll have, be able
gefn (cefn) - back
geg (ceg) - mouth
gei (cael) - you may, can, will get
geith (cael) - he (etc.) will get
gen (gan)
　gen ti - with you, you have
gên - chin
gennym (gan) - with us, we have
genwair
　pry' genwair - worm
gerdded (cerdded) - to walk
gesail (cesail) - armpit
gest (cael) - you got, had
gicio (cicio) - to kick
gilydd (cilydd)
　'i gilydd - each other
ginio (cinio) - dinner
glân - clean
glanhau - to clean
glas - blue
　gorau glas - level best
glaw - rain
glawr (clawr) - cover, lid
glo - coal
gloch (cloch)
　o'r gloch - o'clock
glud - glue
glust (clust) - ear
glustiau (clustiau) - ears
glwt (clwt) - cloth, nappy
glyfar (clyfar) - clever
glyma (clymu) - (I) will tie
glymau (cwlwm) - knots
glymu (clymu) - to tie, knot
glynu - to stick, glue
glywed (clywed) - to hear
gnoc (cnoc) - knock
go - rather
goch (coch) - red
godi (codi) - to lift up, pull up, get up
godwm (codwm) - fall, tumble
goes (coes) - leg

goesau (coes)	- legs
gofal	- care
gofala! (gofalu)	- watch out!
gofio (cofio)	- to remember
gofyn	- to ask
goglais	- tickling
golau	- light
golch! (golchi)	- wash! rinse!
golcha! (golchi)	- wash! rinse!
golchi	- to wash, rinse
golic (colic)	- colic, wind
goll (coll)	
ar goll	- lost
golli (colli)	- to lose
gollwng	- letting go
gorau	- best
gorffen	- to finish, end
gorffwys	- rest, pause
gormod	- too much
gorun (corun)	- crown of head
gorwedd(!)	- to lie down (!)
gosod	- to set
grac (crac)	- cross
grafiad (crafiad)	- scratch
gribo (cribo)	- to comb
griddfan	- to moan, groan
groen (croen)	- skin
gusanu (cusanu)	- to kiss
gwaedu	- to bleed
gwaelod	- bottom
gwahaniaeth	- difference
gwallt	- hair
gwared	
cael gwared â	- get rid of
gwasga! (gwasgu)	- press! squeeze!
gwasgu	- to press, squeeze
gwastraffu	- to waste
gwbl (cwbl)	- all, whole
gwddw(g) (gwddf)	- neck
gweddïau (gweddi)	- prayers
gweiddi	- to shout, cry
gweithio	- to work
gweld	- to see

gwelwch (gweld)	- you('ll) see
os gwelwch chi'n dda!	- please!
gwely	- bed
gwell	- better
gwella	- to get better
gwên	- smile
gwenu	- to smile
gwep	- a face, a gib
gwir	- true
gwirion	- stupid, foolish
gwisg! (gwisgo)	- wear! put on!
gwisga! (gwisgo)	- wear! put on!
gwisgo	- to wear, put on
gwlanen	- flannel, facecloth
gwlychu	- to wet, get wet
gwm (cwm)	- valley
gwmpas (cwmpas)	
o gwmpas	- around
gwn (gwybod)	- (I) know
gwna! (gwneud)	- make! do!
gwnei (gwneud)	- you'll make, do
gwneud	- to make, do
gwrando	- to listen
gwrddwn (cwrdd)	- we will meet
gwrthod	- to refuse
gwthia! (gwthio)	- push!
gwthio	- to push
gwybod	- to know
gwydr	- glass
gwylia! (gwylio)	- watch! mind!
gwylio	- to watch, mind
gwylltio	- to get angry
gwympi (cwympo)	- you'll fall
gwympo (cwympo)	- to fall
gwyn	- white
gwynt	- wind, a smell
gwynto	- to smell
gwyrdd	- green
gyd	
i gyd	- all
gyda	- with
gydag (gyda)	- with
gyflawn (cyflawn)	- complete

gyflym (cyflym)	- quick, fast
gyfog (cyfog)	- sick, vomit
gyfforddus (cyfforddus)	- comfortable
gymaint (cymaint)	- as much/many, so much/many
gymeri (cymryd)	- you'll take, have
gymerwn (cymryd)	- we'll take, have
gynnes (cynnes)	- warm
gynta (cyntaf)	- first
gyrliog (cyrliog)	- curly
gyrraedd (cyrraedd)	- to arrive, get there
gysgest (cysgu)	- you slept
gysgu (cysgu)	- to sleep
gysurus (cysurus)	- comfortable

h

hagor (agor)	- to open
hances	- handkerchief
hanes	- story, history
hanner	- half
haul	- sun
haws (hawdd)	- easier
heb	- without
hebddot (heb)	- without you
heddiw	- today
hefyd	- also
hei!	- hey!
help	- help
helpu	- to help
hen	- old
hi	- she, her, it
'i . . . hi	- her . . . , its . . .
hir	- long
hitio	- to hit
hoffi	- to like
hogan	- girl
hogyn	- boy
holi	- to ask (question)
holl	- whole, all
hollol	- quite, completely
hon (hwn)	- this
honna (hwnnw)	- that
hun	- self

hunan	- self
hwd	- hood
hwn	- this
hwnna	- that
hwyl	- fun
hwyliau (hwyl)	- mood
hwyneb (wyneb)	- face
hwyr	- late
hyd	- length
o hyd	- still
dod o hyd i	- to find, come across
hyfryd	- lovely
hyn	- this
fan hyn	- here
hynna	- that
hynny	- that

i

i	- to
ia	- yes
iâ	- frost, ice
iach	- healthy, well
iawn	- very, right
iddi (i)	- to her
iddo (i)	- to him
iddyn (i)	- to them
ie	- yes
ildio	- to yield, give way
iti (i)	- to you

j

jig-so	- jigsaw puzzle
jyst	- just

l

laeth (llaeth)	- milk
lais (llais)	- voice
lamp	- lamp
lân (glân)	- clean
lanast (llanastr)	- mess

lanhau (glanhau)	- to clean
lapio	- to wrap
las (glas)	- blue
lasys	- laces
law (llaw)	- hand
lawer (llawer)	- a lot
lawes (llawes)	- sleeve
lawn (llawn)	- full
lawr (llawr)	- floor
i lawr	- down
le (lle)	- place
lefrith (llefrith)	- milk
lego	- lego (building blocks)
leinin	- lining
leinyr	- liner
lewys (llawes)	- sleeves
liain (lliain)	- towel
lin (glin)	- knee, lap
liw (lliw)	- colour
liwiau (lliwiau)	- colours
loes (lloes)	- a hurt
loetran	- to dawdle, loiter
lol	- silliness, nonsense
lonydd (llonydd)	- still, quiet
lorïau (lori)	- lorries
losin	- sweets
lot	- a lot
lun (llun)	- picture
lyfr (llyfr)	- book
lygaid (llygad)	- eyes
lyncu (llyncu)	- to swallow, gulp
lysnafedd (llysnafedd)	- snot, snivel

ll

llaeth	- milk
llai	- less, smaller
llall	- other, another
llanast (llanastr)	- mess
llaw	- hand
llawer	- a lot, many
llawes	- sleeve
llawn	- full

llawr	- floor
lle	- place
llefen (llefain)	- to cry
llefrith	- milk
llenwi	- to fill
llestri (llestr)	- dishes
llewys (llawes)	- sleeves
lliain	- towel
llithrig	- slippery
lliwgar	- colourful
lliwiau (lliw)	- colours
llonydd	- still, quiet
llosgi	- to burn
llowcio	- to gulp
llun	- picture
llusgo	- to drag
llwgu	- to starve, be famished
llwy	- spoon
llwyau (llwy)	- spoons
llwyr	- entire, complete
llydan	- broad, wide
llyfiad	- lick
llyfr	- book
llygaid (llygad)	- eyes

m

mabi (babi)	- (my) baby
macyn	- a handkercheif
mae (bod)	- is, are
maen (bod)	- (they) are
maint	- size
maldod	- fondling, spoiling
Mam	- mother, Mam
mam-gu	- grandmother
man	- place
marw	- to die
ma's (maes)	- out
mater	- matter
matsio	- to match
mawr	- big, large
mawredd!	- good gracious! horrors!
meddai	- says

meddwl	- to think, mean
melyn	- yellow
menyg (maneg)	- gloves
merch	- girl
mewn	- in
mi (1)	- me
mi (2)	- (verbal particle)
mochyn	- pig
modfedd	- inch
modryb	- aunt
moddion	- medicine, cure
moel	- bald
mofyn (ymofyn)	- to want
mohono (dim ohono)	- none of it
mol (bol)	- belly, tummy
mola (bola)	- belly, tummy
molchad (ymolchad)	- wash
molchi (ymolchi)	- to wash
mop	- mop
mor	- so
moron	- carrots
munud	- minute
mwy	- more
mwyn	
er mwyn	- for the sake of
mwythau	- hugs and kisses
myn	
myn diain i!	- my goodness!
mynd	- to go
mys (bys)	- finger
mysgu	- to undo, to untie

n

na (1)	- no, not
na (2)	- than
nac (na 1)	- not
naddo	- no, he (etc) didn't
nag (na 2)	- than
nain	- grandmother
nawr	- now
nefoedd (nef)	- heaven(s)
neis	- nice

neisied	- a handkerchief
nerfus	- nervous
nes	- nearer
nesa' (nesaf)	- next
neu	- or
newid	- to change
newydd	- new
nhw	- they, them
'u . . . nhw	- their . . .
ni	- we, us
'n . . . ni	- our . . .
nid	- not
nôl	- to fetch
nos	- night

o

o	- of, from
ochr	- side
ochrau (ochr)	- sides
oddi	
oddi wrth	- away from
oedd (bod)	- he (etc.) was
oedden (bod)	- we, they were
oer	- cold
oeri	- to get cold
oes(?) (bod)	- is (there)? yes
ofal (gofal)	- care
ofalus (gofalus)	- careful
ofn	- fear
ofnadwy	- terrible
ofyn (gofyn)	- to ask
oglais (goglais)	- tickling
ohono (o)	- of (him, it)
ohonyn (o)	- of (them)
ôl	- back
ar ôl	- left over
tu ôl i	- behind
tu ôl ymlaen	- back-to-front
olchaist (golchi)	- you washed
olchi (golchi)	- to wash
olchith (golchi)	- he (etc.) will wash
olwyn	- wheel

on'? (onid)   - isn't? wasn't?
on'd? (onid)   - isn't? wasn't?
ond   - but
orau (gorau)   - best
orffwys (gorffwys)   - a rest
os   - if
ots   - matter, odds

p

p'un (pa un)   - which one
pa?   - which?
pader   - prayer
   Y Pader   - The Lord's Prayer
paid (peidio)   - stop! don't!
pallu   - to refuse
pam? (paham)   - why?
pan   - when
papur   - paper
paratoi   - to prepare
past   - paste
peidio   - to stop, cease
pen   - head
pen-ôl   - bottom, behind
perswadio   - to persuade
pert   - pretty
perygl   - danger
peryglon (perygl)   - dangers
peswch (!)   - cough (!)
pesycha (pesychu)   - cough (!)
pesychu   - to cough
peth   - thing
pethau (peth)   - things
pigo   - to pick, prick
pin   - pin
   pin cau   - safety pin
pinnau (pin)   - pins
pi-pi   - wee-wee
plat   - plate
plwg   - plug
plyga! (plygu)   - fold!
pob   - every
pobl   - people

poera! (poeri)   - spit!
poeth   - hot
popeth   - everything
popty   - oven
porffor   - purple
powdwr   - powder
pram   - pram
problemau (problem)   - problems
protestio   - to protest
pry'   - fly
   pry' genwair - worm
pryd   - when
pwdin   - pudding
pwt   - pet
pwy?   - who?
pysgod   - fish

ph

phedwar (pedwar)   - four
   ar 'i phedwar - on all fours
phen (pen)   - head
phigo (pigo)   - to pick, prick
phoeni (poeni)   - to worry
phwrs (pwrs)   - purse
phwy? (pwy)   - who?

r

raglen (rhaglen)   - programme
ragor (rhagor)   - more
rargol! (= yr Arglwydd)   - goodness me!
ratl   - rattle
reit   - right, quite
roedd (bod)   - he (etc.) was
roeddet (bod)   - you were
roi (rhoi)   - to give
roith (rhoi)   - he (etc) will give
rolio (rholio)   - to roll
rolith (rholio)   - he (etc) will roll
row   - row, telling off
rown (rhoi)   - we'll put
rwan   - now

GEIRFA

rwbith (rhwbio)   - he (etc) will rub
rwbiwn (rhwbio)   - we'll rub
rwy (bod)   - I'm
rwyt (bod)   - you are
rydyn (bod)   - we are
rywle (rhywle)   - somewhere

rh

rhag
   rhag ofn   - in case
rhaglen   - programme
rhagor   - more
rhai   - some
rhaid   - necessity
   mae (bydd) rhaid   - must, (will) have to
rhain   - these
rhan   - part
rhannu   - to divide
rhedeg   - to run
rhesen (rhesen wen) (rhes)   - parting (in hair)
rhesymu   - to explain
rhew   - ffrost, ice
rhigymau (rhigwm)   - rhymes
rho! (rhoi)   - put! give!
rhoi   - to put, give
rholia! (rholio)   - roll!
rholio   - to roll
rhuban/ruban   - ribbon
rhubanau/rubanau   - ribbons
rhuthro   - to rush
rhwbia (rhwbio)   - rub!
rhwbio   - to rub
rhwng   - between
rhwygo   - to tear
rhwystrau (rhwystr)   - hindrances, hitches
rhwystredigaeth   - frustration
rhwystro   - to prevent
rhy   - too
rhybudd   - warning
rhybuddio   - to warn
rhybuddion (rhybudd)   - warnings
rhyddhad   - relief

rhyfedd   - strange
rhyw   - some
rhywbeth   - something
rhywle   - somewhere

s

saf! (sefyll)   - stand!
safa! (sefyll)   - stand!
saff   - safe
saim   - grease
sâl   - ill, sick
sathru   - to trample, tread
sawdl   - heel
sawl   - how many
saws   - sauce
sblash   - splash
sblashio   - to splash
sebon   - soap
sedd   - seat
sefyll(!)   - to stand (!)
seimllyd   - greasy
set   - set
sgarff   - scarff
sgert   - skirt
sglein   - shine
sgrechia! (sgrechian)   - scream! shout!
sgrechian   - to scream, shout
sgwriad   - scrub, scour
sh!   - sh!
siampŵ   - shampoo
sianel   - channel
siâp   - shape
siapo   - to get a move on
siarad   - to talk, speak
siglo   - to rock
siopa   - to shop
sip   - zip
sips   - zips
siswrn   - scissors
   siswrn torri ewinedd   - nail-scissors
siwmper   - jumper
siŵr   - sure

siwt	- suit
smart	- smart
smwt	- snub
snwffian	- to sniff
soseri (soser)	- saucers
sownd	- stuck fast
sticio	- to stick
stof	- stove
stôl	- chair
stomp	- a mess
stopio	- to stop
stori	- story
storïau (stori)	- stories
strancio	- to play tricks, have tantrums
strap	- strap
strapiau (strap)	- straps
strapio	- to strap
stwffio	- to stuff
stwnsh	- mash
styfnig	- stubborn
sugno	- to suck
sur	- sour
sut	- how
swcian	- to suck
sŵn	- sound
sws	- kiss
sy (bod)	- (that) is, are
sych	- dry
sycha! (sychu)	- dry! wipe!
sychaist (sychu)	- you dried, wiped
syched	- thirst
sychith (sychu)	- he (etc.) will dry, wipe
sychu	- to dry, wipe
sychwr	- drier
sydyn	- fast, sudden
sylw	- notice
sylwadau (sylw)	- remarks, observations
sylwi	- to notice
symud (!)	- to move (!)
symuda! (symud)	- move!
symudith (symud)	- he (etc.) will move
synnu	- to wonder, be surprised
syrthi (syrthio)	- you'll fall

syrthio	- to fall
syth	- straight, stiff
sytha! (sythu)	- straighten!

t

tad	- father
tad-cu	- grandfather
taflu	- to throw
tafod	- tongue
tagu	- to choke
taid	- grandfather
talc	- talc
tamaid	- a bit
tan	- until
tân	- fire
tap	- tap
taro	- to hit
ta-ta!	- bye-bye!
taw! (tewi)	- quiet!
tedi	- teddy
teganau (tegan)	- toys
teimlo	- to feel
teledu	- television
ti	- you
tipyn	- a little
tisian	- to sneeze
tlws	- pretty
top	- top
torcha! (torchi)	- roll!
torchi	- to roll
torri	- to break
tost	- sore, ill
tost	- toast
tra	- while
traed (troed)	- feet
trafferthion (trafferth)	- difficulties
tri	- three
tria! (trio)	- try!
triniaeth	- treatment
tro	- turn, time
tro! (troi)	- turn!
trochi	- to soil, dirty

troed	- foot
troi	- to turn
troia! (troi)	- turn!
trwy	- through
trwyn	- nose
tu	- side
tuchan	- to grumble, grunt
tu-chwith-allan	- inside out
twll	- hole
twnel	- tunnel
twt!	- tut!
twym	- warm
twym iawn	- hot
tŷ	- house
tŷ bach	- lavatory, toilet
tybed	- I wonder
tyfu	- to grow
tynn! (tynnu)	- hold! take!
tynna! (tynnu)	- hold! take!
tynnu	- to hold
tyrd! (dod)	- come!
tywallt	- to pour
tywel	- a towel
tywydd	- weather

th

thorri (torri)	- to break
thost (tost)	- toast
thostyn (tostyn)	- toast
thraed (troed)	- feet
thwtsiad (twtsiad)	- to touch

u

ucha (uchaf)	- highest
un	- one
unwaith	- once
uwd	- porridge

w

w!	- ooh!

waeth (gwaeth)	- worse
waith (gwaith)	- work
wallt (gwallt)	- hair
war (gwar)	- nape of neck
wasgaru (gwasgaru)	- to spread, scatter
watsia! (watsio)	- watch (out)!
wddw(g) (gwddf)	- throat, neck
wedi	- after
wedi (bod etc.)	- have, has (been etc.)
wedyn	- then, afterwards
weiddi (gweiddi)	- to shout, scream
weindio	- to wind
wel!	- well!
wela' (gweld)	- I'll see
weld (gweld)	- to see
weli (gweld)	- you'll see
welon (gweld)	- we, they saw
welson (gweld)	- we, they saw
welwn (gweld)	- we'll see
well (gwell)	- better
welliant (gwelliant)	- improvement
werth (gwerth)	- worth
whimbil	- hangnail
wir (gwir)	- true
wired (gwir)	
cyn wired	- as true
wirion (gwirion)	- silly
wirioneddol (gwirioneddol)	- true, real
wisgo (gwisgo)	- to dress
wlanen (gwlanen)	- flannel
wlyb (gwlyb)	- wet
wlychu (gwlychu)	- to wet, get wet
wlychwn (gwlychu)	- we'll wet, get wet
wnaiff (gwneud)	- he (etc.) will do, make
wnawn (gwneud)	- we'll do, make
wnei (gwneud)	- you'll do, make
wneith (gwneud)	- he (etc.) will do, make
wnest (gwneud)	- you did, made
wneud (gwneud)	- to make
wps!	- oops!
wps-y-des!	- oops-a-daisy!
wrth	- to, at, by
wrthi (wrth)	- to (etc.) her, it

wrthyt (wrth)	- to (etc.) you
wthio (gwthio)	- to push
wyddost (gwybod)	- you know
wyllt (gwyllt)	- wild
wylltio (gwylltio)	- to lose one's temper
wyneb (gwylltio)	- face
wynt (gwynt)	- wind, a smell
wyt (bod)	- you are
wythnos	- week

y

y (1)	- the
y (2) (+ verb)	- (relative particle)
ych!	- ugh!
ych-a-fi!	- ugh!
ychydig	- a little
ydy (bod)	- he (etc.) is
ydyn (bod)	- (we, they) are
ynghlwm	- tangled
ynghyd	- together
ym (yn 1)	- in
yma	- here, this, these

ymateb	- reaction, response
ymddiheuro	- to apologize
ymestyn	- to stretch
ymhell	- far away
ymlaen	- on(ward), forward
ymolchi	- to wash (oneself), have a wash
ymwelwyr (ymwelydd)	- visitors
yn (1)	- in
yn (2) (+ infin., adj)	- (verbal, adj. particle)
yna	- there, that, those
ynddi (yn 1)	- in her, it
ynddo (yn 1)	- in him, it
ynddyn (yn 1)	- in them
ynte? (ynteu)	- isn't it?
yntefe? (ynteu + fe)	- isn't it?
yr (y 1)	- the
ys	
ys gwn i	- I wonder
ysbwng	- sponge
ysgwyd (!)	- to shake (!)
ysgwydd	- shoulder
yw	- he (etc.) is

		Rhan Un	**Part One**

CODI'R BABI AR ÔL DEFFRO	**1**	**LIFTING THE BABY AFTER WAKING**
Mynd at y Babi	2	Going to the Baby
Wrthi'n Dweud Stori Fawr	2	Babbling Away
Ymestyn	2	Stretching
Yn Dal Eisiau Cysgu	2	Still Sleepy
Yn Flin	4	Cross
Codi'r Babi	4	Lifting the Baby

BWYDO	**5**	**FEEDING**
Ymateb	5	Responding
Eisiau Diod?	5	Thirsty?
Sugno Bawd	5	Sucking Thumb
Codi'r Babi	7	Lifting the Baby
Cyfforddus? / Cysurus?	7	Comfortable?
Dwylo o'r Ffordd!	7	Hands out of the Way!
Rhoi Bwyd / Bwydo	8	Feeding
Problemau	8	Problems
Newid y Deth	8	Changing the Teat
Gorffwys	8	A Rest
Gwynt	9	Wind
Codi Gwynt	9	Bringing up Wind
Rhyddhad	10	Relief
Taflu i Fyny / Cyfogi / Chwydu	10	Being Sick
Mwy? / Rhagor?	10	More?
Yn Llawn?	11	Full?
Gwrthod	11	Refusing
Perswadio	11	Persuading
Tagu	12	Choking
Canmol	13	Praising

TYNNU DILLAD	**13**	**UNDRESSING**
Aros yn Llonydd	13	Keeping Still
Pen a Breichiau	13	Head and Arms
Coesau a Thraed	15	Legs and Feet
Cwyno	15	Complaining

Y CLWT / Y CEWYN	**15**	**THE NAPPY**
Agor y Clwt / Cewyn	15	Undoing the Nappy
Clwt Budr / Brwnt	17	Dirty Nappy
Cysuro	17	Comforting
Tynnu'r Clwt i Ffwrdd	17	Removing the Nappy
Yn Well	18	Better
Glanhau	18	Cleaning
Coesau i Lawr	18	Legs Down

AMSER BATH	**19**	**BATHTIME**
Y Dŵr	19	The Water
Casglu Pethau'n Barod	19	Collecting Things Ready
Golchi Wyneb	19	Washing Face
Protestio!	21	Protesting!
Sychu Wyneb	21	Drying Face
Golchi Pen neu Wallt	21	Washing Head or Hair
Golchi'r Sebon Allan / Ma's	22	Rinsing
Sychu Pen neu Wallt	22	Drying Head or Hair
Rhoi Sebon a Golchi	22	Soaping and Washing
Golchi Dwylo	23	Washing Hands
Golchi Cefn	23	Washing Back
I Mewn i'r Dŵr	23	Into the Water
Cael Hwyl	24	Having Fun
Nerfus	24	Nervous
Allan / Ma's	25	Out
Sychu	25	Drying
Powdwr Talc	25	Talcum Powder

GWISGO	**26**	**DRESSING**
Dechrau Gwisgo	26	Starting to Dress
Fest	26	Vest
Barod i'r Clwt / Cewyn	26	Ready for the Nappy
Eli Pen-ôl	28	Baby-Ointment
Y Clwt / Cewyn	28	The Nappy
Papur y Clwt	28	Nappy Liner
Pinnau	28	Pins
Aflonydd	29	Restless
Difyrru'r Baby	29	Keeping the Baby Content

INDEX

163

MYNEGAI

Gwisgo Dillad Eraill	29	Changing Clothes
Botymau, Rhubanau, Sips	30	Buttons, Ribbons, Zips
Brwsio Gwallt	30	Brushing Hair
Edmygu	30	Admiring

CHWARAE Â RATL — 31 — **PLAYING WITH A RATTLE**

Dangos y Ratl	31	Showing the Rattle
I'r Geg â'r Ratl	31	Into the Mouth with the Rattle
Gwrando ar Sŵn y Ratl	33	Listening to the Sound of the Rattle
Lliwiau'r Ratl	33	Colours of the Rattle
Brifo / Cael Loes	34	Getting Hurt

SIARAD Â'R BABI — 34 — **TALKING TO THE BABY**

Stori?	34	Something to Say?
Siarad am Degan	36	Talking about a Toy
Gwên	36	Smile
Dotio	37	Doting

DIFYRRU'R BABI — 37 — **AMUSING THE BABY**

Pry' Bach yn Dringo	37	Little Fly Climbing
Clapio / Curo Dwylo	39	Clapping
Cosi Traed	39	Tickling Feet
Traed yn Gynnes neu yn Oer	39	Warm, or Cold, Feet
Cerdded Dros Mam	40	Walking Over Mam
Yn Drwm	40	Heavy
Ara Deg! Gan Bwyll!	40	Careful!

RHYWBETH YN BOD — 41 — **SOMETHING THE MATTER**

Crio / Llefen	41	Crying
Gwynt	41	Wind
Yn Flin ac Aflonydd	41	Cross and Restless

AMSER CYSGU — 43 — **TIME FOR SLEEP**

Siglo a Chanu i Gysgu	43	Rocking and Singing to Sleep

Rhan Dau — **Part Two**

MOLCHAD SYDYN — 46 — **A QUICK WASH**

Arolwg	46	Inspection
Sylwadau	46	Comments
Holi	46	Questioning
Delio ag o / Delio ag e	46	Dealing with it
Llyfiad Cath	48	A Lick and a Promise

SYCHU, GLANHAU A PHIGO TRWYN — 48 — **WIPING, CLEANING AND PICKING NOSE**

Sylwi	48	Noticing
Pigo Trwyn	50	Picking Nose
Snwffian	50	Sniffing
Chwythu Trwyn	50	Blowing Nose
Annwyd	50	A Cold
Trwyn yn Brifo	51	Sore Nose
Tisian	51	Sneezing
Pesychu	51	Coughing

DWEUD Y DREFN — 52 — **SCOLDING**

Drwg	52	Naughty
Paid!	52	Stop!
Llanast / Annibendod	52	Mess
Dwyt Ti Ddim i Fod i	54	You're Not Supposed To
Does Dim Eisiau	54	There's No Need
Rhoi Rhybudd	54	Warning
Beth mae Mam yn ei Deimlo	55	Mam's Feelings
Dyna Ddigon!	55	That's Enough!
Ymddiheuro	55	Apologizing
Perygl	56	Danger
Ga' i Weld?	56	May I See?
Dweud y Drefn	56	Telling Off

RHWYSTRO	**57**	**PREVENTING**
Holi	57	Asking
Chei Di Ddim / Alli Di Ddim	59	You Can't
Allan o Afael	59	Out of Reach
Dwyt Ti Ddim i Fod i	59	You're Not To
Peryglon (1)	60	Dangers (1)
Peryglon (2)	60	Dangers (2)
Egluro	61	Explaining
Dewis Arall	61	Alternatives
Dim Byd Arall i'w Fwyta!	62	Nothing Else to Eat!
Ildio (Ychydig)	62	Yielding (A Little)
MYND AM DRO NEU FYND I SIOPA	**62**	**GOING FOR A WALK OR GOING SHOPPING**
Awgrymu	62	Suggesting
Tywydd Braf	64	Fine Weather
Beth Welwn Ni?	64	What Shall We See?
Dyfalu	65	Guessing
Cael Hwyl	65	Having Fun
Bwrw Glaw	65	Raining
Tywallt / Arllwys y Glaw	65	Pouring
Gwlychu	66	Getting Wet
MEWN I'R PRAM NEU'R GADAIR-WTHIO	**66**	**INTO THE PRAM OR PUSHCHAIR**
Strapio i Mewn	66	Strapping In
Gofal	68	Care
Yn Barod i Fynd	68	Ready to Go
TELEDU	**69**	**TELEVISION**
Atgoffa	69	Reminding
Mewn Pryd	69	In Time
Pa Raglen?	69	Which Programme?
Brysio	71	Hurrying
Brysio Adre	71	Hurrying Home
Anghofio	72	Forgetting
Amser	72	Time
Paid â Chyffwrdd	73	Don't Touch
Troi Ymlaen	73	Switching On
Eistedd yn Rhy Agos	73	Sitting Too Close
Eistedd yn Gyfforddus / yn Gysurus?	74	Sitting Comfortably?
Y Diwedd	74	The End
Atgoffa a Holi (1)	75	Reminding & Questioning (1)
Atgoffa a Holi (2)	75	Reminding & Questioning (2)
GWISGO	**76**	**DRESSING**
Dros y Pen	76	Over the Head
Breichiau a Llewys	76	Arms and Sleeves
Rhwystrau	78	Hitches
Botymau	79	Buttons
Sip	79	Zip
Awgrymu	80	Suggesting
Chwareus	80	Playful
Trafferthion	80	Difficulties
Aflonydd	81	Restless
Cyfarwyddo	81	Directing
Esgidiau	82	Shoes
Careiau / Lasys, Strapiau, Byclau	82	Laces, Straps, Buckles
Eu Gwisgo	82	Putting Them On
Cau	83	Fastening
Sylwadau	83	Comments
Menyg	83	Gloves
Cap	84	Cap
Sgarff	85	Scarf
Dim Angen	85	No Need
STRANCIO	**86**	**TANTRUMS**
Gwrthod Ildio	86	Not Giving In
Rhesymu	86	Reasoning
Dal i Strancio	88	Still Playing Up
Deall a Chysuro	88	Understanding and Comforting

MYNEGAI

SEFYLL A DYSGU CERDDED	**88**	**STANDING AND LEARNING TO WALK**	
Cropian	88	Crawling	
Gofal	89	Care	
Sefyll a Gollwng	89	Standing and Letting Go	

SYRTHIO A BRIFO / CWYMPO A CHAEL LOES	**91**	**FALLING AND GETTING HURT**	
Rhybuddion	91	Warnings	
Wedi Syrthio / Cwympo	93	Fallen	
Cysuro	93	Comforting	
Crafiad	93	A Graze	
Triniaeth	94	Treatment	
Triniaeth Arall!	94	Other Treatment!	
Taro	95	Bumping	
Rhywbeth Oer	95	Something Cold	
Esbonio	95	Explaining Why	

Rhan Tri   **Part Three**

GWISGO	**98**	**DRESSING**	
Esgidiau	98	Shoes	
Amau	98	Doubting	
Clymu	100	Tying	
Eisiau Help	100	Help Needed	
Rhywstredigaeth	100	Frustration	
Cysuro	101	Comforting	

AMSER BWYD	**101**	**MEALTIME**	
Gwisgo Brat / Ffedog	101	Putting on Bib or Apron	
Eistedd Wrth y Bwrdd	101	Sitting at the Table	
Torchi Llewys / Rholio Llewys	103	Rolling Sleeves Up	
Rhybudd	103	Warning	
Cyfarwyddo (1)	103	Directing (1)	
Cyfarwyddo (2)	104	Directing (2)	
Calonogi	105	Encouraging	
Brysia!	105	Hurry!	

Perswadio	105	Persuading	
Rhesymu	106	Reasoning	
Colli Amynedd	106	Losing Patience	
Mwy? / Rhagor?	107	More?	
Gormod	108	Too Much	
Llawn	108	Full	
Llanast / Annibendod – Tynnu Sylw ato	108	Mess – Drawing Attention To It	
Delio ag o / Delio ag e	109	Dealing With It	

TŶ BACH	**109**	**TOILET**	
Awgrymu	109	Suggesting	
Perswadio	109	Persuading	
Ildio a Rhybuddio	111	Giving In and Warning	
Yn y Tŷ Bach	111	In the Toilet	
Bechgyn	111	Boys	
Wedi Gorffen / Wedi Bennu	111	Finished	

TORRI EWINEDD	**112**	**NAIL-CUTTING**	
Perswadio	112	Persuading	
Gofal	112	Care	
Rhigymau'r Bysedd	112	Finger Rhymes	
Whimbil	114	Hangnail	
Ewin wedi Rhwygo	114	Torn Nail	
Eli at Bob Clwy!	114	Panacea!	
Sylwi	114	Noticing	

GOLCHI GWALLT	**115**	**HAIR WASHING**	
Sylwi	115	Noticing	
Cyfarwyddo	115	Directing	
Siampŵ	115	Shampoo	
Dŵr Drosto	117	Rinsing	
Protestio	117	Protesting	
Cysuro	117	Comforting	
Wedi Gorffen / Wedi Bennu	117	Finished	
Sychu Gwallt	118	Drying Hair	
Sychwr Gwallt	118	Hair Dryer	
Cribo a Gosod	118	Combing and Styling	
Edmygu	119	Admiring	

HELPU MAM	**119**	**HELPING MAM**
Awgrymu	119	Suggesting
Gwisgo Brat/Ffedog	119	Putting on Apron
Cadair/Stôl	121	Chair
Llewys	121	Sleeves
Mop	121	Mop
Cyfarwyddo'r Golchi	121	Supervising the Washing-Up
Glân	122	Clean
Sychu	122	Drying
Llestri Seimllyd	123	Greasy Dishes
Perygl	123	Danger
Mwy?/Rhagor?	123	More
Wedi Gorffen/Wedi Bennu	123	Finished
Canmol	124	Praising
DYSGU CWRTEISI	**124**	**LEARNING MANNERS**
Sut i Ofyn	124	How To Ask
Pesychu a Dylyfu Gên	124	Coughing and Yawning
Rhannu	126	Sharing
CHWARAE A DYSGU	**126**	**PLAYING AND LEARNING**
Siapau a Maint (Lego, Blociau Adeiladu)	126	Shapes and Size (Lego, Building Blocks)
Matsio	128	Matching
Edrycha! / Edrych!	128	Look!
Gofyn yn Fwriadol	128	Asking Deliberately
Awgrymu Sut Mae Gwneud	128	Suggesting How To Do It
Ar Goll	129	Lost
Dod o Hyd Iddo	130	Finding It
Paid!	130	Don't!
Jig-so	130	Jigsaw Puzzle
Chwilio am Ddarnau	131	Looking for Pieces
Cyfarwyddo	131	Directing
Y Ffordd Anghywir	131	The Wrong Way
Cynorthwyo ac Awgrymu	132	Helping and Suggesting
Gofyn	132	Asking
Wedi Gorffen / Wedi Bennu	132	Finished
DADWISGO / TYNNU DILLAD	**133**	**UNDRESSING**
Awgrymu	133	Suggesting
Calonogi	133	Encouraging
Cyfarwyddo	133	Directing
Tacluso	135	Tidying
AMSER BATH	**135**	**BATHTIME**
Paratoi	135	Preparing
Ymolchi	137	Washing
Allan / Ma's	137	Out
Gwagio'r Bath	138	Emptying the Bath
GLANHAU DANNEDD	**138**	**CLEANING TEETH**
Dod o Hyd i Frwsh	138	Finding Brush
Cyfarwyddo	138	Directing
Past Dannedd	140	Toothpaste
Brwsio Dannedd	140	Brushing Teeth
Golchi Ceg	141	Rinsing Mouth
Edmygu	141	Admiring
AMSER GWELY	**141**	**BEDTIME**
I'r Gwely	141	To Bed
Dewis Llyfr	143	Choosing a Book
Gweddïau	143	Prayers
Golau	143	Light
Cwsg	144	Sleep
Nos Da!	164	Good Night!

Diolchiadau

Paratowyd y llyfryn hwn gan y Ganolfan Addysg Ddwyieithog ac Addysg Iaith, Prifysgol Cymru, Aberystwyth ac rwy'n mawr hyderu y bydd yn fodd i helpu llawer mwy o rieni siarad yn gartrefol yn Gymraeg â'u babanod a'u plant bach.

Mae'r amrywiaeth eang o frawddegau ac idiomau a geiriau yn y llyfr wedi ei seilio ar recordiadau a wnaed gan ymchwilwyr wrth iddynt fynd i gartrefi teuluoedd Cymraeg ledled Cymru.

Rwy'n ddiolchgar i'r Swyddfa Gymreig am ei nawdd ariannol a fu'n fodd i esgor ar y prosiect yma, ac fe hoffwn i hefyd ddiolch yn fawr i'r teuluoedd niferus, yn enwedig y mamau a'u plant bach, am ganiatáu i ni ddod i mewn i'w cartrefi. Rwy'n siwr nad oedd ymweliadau cyson yr ymchwilwyr â'u peiriannau recordio yn gyfleus bob tro ond, er gwaethaf hyn, fe dderbynion ni groeso a chydweithrediad parod gan y teuluoedd.

Carwn hefyd ddiolch i'r ymchwilwyr a fu'n ddyfal yn recordio a chofnodi'r sgyrsiau: Dr Anne Brooke, Mrs Einir W. Davies, Mrs Janine Davies, Mrs Margaret Lloyd Hughes, Mrs Ann Jones, Mrs Marian Jones, Mrs Erina Morris, Mrs Gwawr Morris, Mrs Eira Owain a Mrs Ceinwen Parry.

Rwy'n arbennig o ddiolchgar i Mrs M. Ll. Hughes a Mrs E. Morris a fu hefyd yn brysur yn dadansoddi'r holl gofnodion cyn cynhyrchu'r testun cyntaf ar gyfer y llyfr hwn.

Mae arnaf ddyled fawr i Mr R. Morris Jones, Dirprwy Gyfarwyddwr y prosiect, am ei waith gwerthfawr trwy gydol y prosiect, o dynnu ynghyd y tîm o ymchwilwyr hyd at osod y deunydd mewn trefn. Carwn hefyd ddiolch i'r rhai hynny a fu ynghlwm â'r ochr olygyddol: Mr Meirion Davies, Mrs Nesta Dodson, Dr D. Gareth Edwards, Mr D. L. James, Mr E. M. Thomas, a'r golygydd, Mrs Sara Thomas; hefyd Ms Cathryn Gwynn, Mr Cennard Davies a Mrs Gwenda Bruce am eu gwaith ar ran Gwasg Prifysgol Cymru.

C. J. Dodson
Athro Addysg, Cyfarwyddwr Prosiect, Prifysgol Cymru, Aberystwyth

Acknowledgements

I hope that this book, prepared by the Centre for Bilingual and Language Education of the University of Wales, Aberystwyth, will give many more mothers and fathers the opportunity to speak in Welsh to their young children.

The various phrases given here in a variety of parent-child situations are based on recordings made by research officers on visits to the homes of Welsh-speaking families throughout Wales.

I am grateful to the Welsh Office for the financial support which made this project possible, and I should like to thank the many families, especially the mothers and their young children, for allowing us into their homes. The regular intrusion of research officers armed with tape recorders cannot always have been a welcome diversion, but despite this we invariably received willing co-operation from the families concerned.

I should also like to thank the various research officers who recorded and transcribed the many interactions: Dr Anne Brooke, Mrs Einir W. Davies, Mrs Janine Davies, Mrs Margaret Lloyd Hughes, Mrs Ann Jones, Mrs Marian Jones, Mrs Erina Morris, Mrs Gwawr Morris, Mrs Eira Owain and Mrs Ceinwen Parry.

I am especially grateful to Mrs M. Ll. Hughes and Mrs E. Morris who, in addition to recording and transcribing interactions, analysed all the transcripts and produced the preliminary texts for this book.

I owe Mr R. Morris Jones, the Deputy Director of the project, my deepest gratitude for his extremely valuable work at all stages of the project, from the recruitment of officers to the initial preparation of materials. I should like to thank, too, the people involved during the editorial stage: Mr Meirion Davies, Mrs Nesta Dodson, Dr D. Gareth Edwards, Mr D. L. James, Mr E. M. Thomas, and the editor herself, Mrs Sara Thomas; also Mrs Cathryn Gwynn, Mr Cennard Davies and Mrs Gwenda Bruce for their work on behalf of University of Wales Press.

C. J. Dodson
Professor of Education, Project Director, University of Wales, Aberystwyth